四大元素 4つのエレメントが定める運命

岡安美智子 著

セルバ出版

はじめに

あなたは4つのエレメントでつくられている

もし、あなたが4つのエレメントでつくられているとしたら、それがどんなものか知りたくありませんか？

そのエレメントがあなたをつくっている材料だとしたら、自分の得意や不得意がわかり、もっと自分自身とうまく付き合うことができるでしょう。

そればかりか、自分でも気づいていない心の奥底に眠っている、本当にやりたい欲求がわかるので、使命探しに迷うことがなくなります。

また、自分ひとりでは気づきにくい思考と行動のパターンが手に取るようにわかり始めるので、これまで頑張ってもうまくいかなかった原因がスッキリと解消されます！

よく、満月の日には手放しや解放をしたらいいと言われていますが、心の中で「よし、手放そう！」とか「よし、解放しよう」と誓ってもなかなか難しいですよね。

手放しや解放が起こるには、何を手放して何を解放したらいいのか、自分の状態が腑に落ちていないと、本当の意味で手放しや解放は起きてはこないのです。

でも、大丈夫！

本書を手にしたあなたは、自分がつくられている4つの材料を知ることで、よくも悪くもあなた自身の特徴を知ることができ、同時に、これまでうまくいかずにつまずいていた人生についても「なるほどね！」と腑に落ち、納得することでしょう。

本書には、４つのエレメントを使いながら、思った通りの人生をつくる魔法の手順や情報をたくさん紹介していくので、楽しみにしていてください。

あなたの人生に大きな影響を与えている、４つの材料

ここで少し、わたし自身についてお話しさせてください。

わたしは学生のときから、人の幸せについて興味を持っていた少し変わった

子どもでした。変な子どものまま大人になり、人の運について探求し続けること45年。

現在は幸運研究家として、花と風水を掛け合わせた「プラワー風水」や、花と曼荼羅を組み合わせた「花曼荼羅®」、四大元素を使って人生を自由に創造する、「The Flower」など、自分らしく人生を輝かせるお手伝いをさせていただいています。

わたしが目に見えないエネルギーを意識したのは小学生のときです。

借金を肩代わりし苦労をしていた両親の姿を見て、親切で正直に生きていてもいいことが起きない人生を目の当たりにして、とてもショックでした。

ある日、家を売却しなくてはならなくなり家を手放した両親。わたしにとっては思い出がいっぱいつまった家がとっても安く売られたことがわかり、心が苦しくなりました。

そしてさらにショックなことが。

それから数年後、バブルの時代がやってくると、同じ間取りのお隣さんの家が倍の値段で売れたのです。

そのことを聞かされたとき、うちの親はなんて運が悪いのだろうと気の毒になりました。でも、「本当に運が悪かっただけなのかな?」と、ふと、わたしの中に疑問が浮かびました。

わたしからみた両親はお客さんから信頼され、明るくてよく働くいい人でした。

ただ、大きなことを決断するとき、なにかタイミングのようなものが悪い、そんな気がしていたのです。

そもそもタイミングってなんだろう……。どうしたらよいタイミングがやってくるのかな?

自らの問いがきっかけとなり、目に見えない世界の風水や形而上学を学び、スピリチュアル、自己啓発、そして悟りの道を進むことになったのです。

魔法学校の友人に言われた言葉

40代の頃、わたしは本格的に形而上学の学びに入っていました。

形而上学とは「形がないもの」「形を超えたもの」などと言われていますが、

目に見えない世界観を学ぶ、そのようなイメージに近いです。

目に見えない世界は、見えている世界よりはるかに広いです。

だから、この世界やエネルギーについての学びは、いつでも刺激的でワクワクしていました。

世界中の魔法やチャネリングを学んでいる時間はいつもあっという間に終わってしまうように感じていました。また、本格的に瞑想をしたのもこの頃からです。

当時「美智子さんは現実化が早いね！」と、よく言われていましたが、この頃のわたしは「現実化」という言葉の意味を知らなかったので、なんのことを言われていたのか、さっぱりわかりませんでした。

現実化の正体と5つの魔法シート

現実化とは実際の状態となって現れることで、「思ったことが現実化する」とか、「思考の現実化」などと言いますね。ではなぜ、わたしは現実化が早いと言われていたのでしょうか？

その正体が四大元素と言われている4つのエレメントや、4つの元素と呼ばれているもので、冒頭で4つの材料と書いたものです。

この4つの材料を順番通りに使うと、イメージして思っていたことや、アイデアなどが現実に現れてきます。

わたしはこれを早い時期に使うことができたのです。

でもこれは、わたしだけにできる特別なことではありません。この魔法の手順を使えば、誰でも思ったことが実際に現れるようになるのです。

そして、本書にはこの手順のほかに魔法の5つのシートが登場します。

このシートに書き込んでいくことで、自分の中に気づきが起こり、現実化が早く起こるようになります。

ぜひ、書き込んでみてくださいね。

人生の錬金術師、宝石の力

わたしは四大元素を早い時期から使うことができていましたが、もう1つ、わたしの人生の可能性を開いてくれたものがあります。それが宝石です。

宝石というと高価で特別な物のイメージが強い方も多いでしょう。実はわたしも同じで自分とはまるで無縁の存在でした。でも、２０１５年に宝石と出会い、わたしの人生は大きく好転していきました。宝石をたんなる物として扱うのではなく、エネルギー（波動）として扱ったとき、自分と宝石のエネルギーが共振し化学反応を起こしてきます。まさに人生の錬金術師のようです！

本書では四大元素の力を開く宝石たちも紹介していくので楽しみにしていてください。

それでは、さっそく四大元素の魔法の世界へと進んでいきましょう！

岡安　美智子

２０２３年７月

四大元素　4つのエレメントが定める運命　目次

第3章　4タイプのエレメント人、それぞれの特徴

第4章　4つのエレメント人の運気を上げるラッキーグッズ

第5章　四大元素の力を呼び覚ます宝石の力

第6章　運命の本質がわかる「天性診断」とは

自分のエレメントを探せ！

これから、あなたがつくられている材料、マイエレメントを探しにいきます。

その前に本書に登場するキャラクターをご紹介しましょう！


このキャラクターは元丸くん（げんまるくん）です。

胸にある4つの丸は、これからご紹介する四大元素をイメージしています。

赤い丸が火、ミント色が風、青色が水、茶色は土です。

マイエレメントはあなたをつくっている材料として、人生にどのような影響を与えているのでしょうか？

こんにちは！
ぼくたちの中には4つの
元素があるんだよ
どの元素が君たちに
影響しているのか
知ってほしいです
よろしくね！

第1章

自分を知り、幸運を引き寄せる「四大元素」とは

１　四大元素とは何か

四大元素とは４つの元素のことで「火・風・水・土」があります。

その起源は古く、前々々回の風の時代（紀元前４６０年〜紀元前２２０年頃）にギリシャの哲学者アリストテレスがまとめたとされ、占星術の世界ではよく使われています。

わたしたちも今、風の時代に突入したと言われていますね。

風の時代の風は目に見えないけれど、たしかに存在します。

そして、風の時代のキーワードはどれも目に見えないものが特徴となっています。

例えば、情報やＩＴ、心や繋がり。

これらすべては目に見えないけれど、風の時代の特徴とされ、重要な役割を担当しています。

目に見えないものが大切にされる時代

四大元素もまた、目に見えるものではありませんが、確かに存在する情報です。

わたしたちは、これから約２００年間も続く風の時代を生きますが、四大元素を使いこなすと、人間関係や出来事に悩まされることなく、風の時代のフローの中で心地よく流れ、楽しく生きることができてきます。

とってもワクワクしますよね！

ただ、土の時代から風の時代に移り、わたしたちの生活は大きく変化しました。コロナ禍で自宅にこもり、インターネットやスマホを使いながらＳＮＳで繋がり、レッスンや講座もＺｏｏｍ等で受講するなど、まさに風の時代を象徴するＩＴや情報生活へと移り変わっています。

また、これまで以上に人生をよくしたいと、多くの人たちが使命や本質に興味を持ち、自分らしく人生を輝かせたいという主婦もぐっと増えてきたように感じています。

四大元素に秘められた本質

四大元素は人間の運命の本質を定め、わたしたちの素材をつくり上げているエネルギーです。

四大元素を理解することで、「自分が何者であるか」という問いの答えが見つかります。

本質を知ることで、自らの運命が向かうべき方向についても十分に理解することができます。

そして、なによりも自分を理解するということは、他者との違いを理解することにつながってくるのです。

他者との違いがわかれば分離がなくなる

わたしはこれまで数多くの人たちのセッションをしてきました。

クライアントさんは深い悩みを抱えてくるのですが、人間関係に悩んでいる人がとても多いのが印象的です。

人間関係とは、親子、パートナー、同僚、上司など、自分以外の他者との関わりのすべてです。

四大元素を知れば知るほど、他者との違いをびっくりするぐらい理解することができます。そして、他人と自分をむやみに比較し、比較のなかで迷ったり悩んだりすることがなくなります。

比較をすると自己肯定感が低くなり、自分を否定し、苦しみを生み出します。

比較は分離を生み、分離はわたしたちに悩みや迷いをもたらしますから、要注意です！

迷いや悩みを抱える人の多いストレスフルな風の時代に、前々々回の風の時代の四大元素を使えるようになることは、多くの人々の恐れを解消していくことにもつながっていくことでしょう。

四大元素を知ってストレスを解消する

あなたがストレスを感じるとき、どのような心の状態になっているか気づいていますか？

実はストレスを受ける感覚は、人によってまるで違います。

例えば、あなたには大して気にならないことも、ほかの誰かにとっては気になって仕方がないことがあります。

また、ストレスは誰かによって与えられたと考える人がいますが、実はストレスは自分で感じている状態なので、誰かのせいではないのです。

ストレスを感じたとき、あなたは何かに反応しています。

その何かがわからないから解消ができず苦しくなってくるのです。

元素がわかることは、自分をよく知ることでもあり、それは同時に自分の活かし方やストレスを感じた心の感覚を知ることにつながってきます。

四大元素を知れば共に活かし合える

ストレス回避については、あなたの元素を食材に変えて考えてみるとわかりやすいでしょう。

例えば、あなたの元素がたまごだったとします。ほかの元素は持っていません。この場合、当然、つくれるのはたまご料理だけ。ステーキはつくれませんよね。でも、多くの人たちはたまごしか持っていないことを知らないので、ステーキをつくろうとして必死に頑張りすぎてしまいます。

そして、結果ボロボロとなり、疲れ果ててしまうのです。

では、ステーキをつくりたかったらどうしたらいいと思いますか？

それは、ステーキの元素を持っている人と一緒に組んだり、助けてもらったりすればいいのです。たまごからはステーキがつくれないけれど、「共創」してしまえばお互いが生かされるというわけです。

共創は風の時代の特徴の1つです。

土の時代では、1番、2番などと順位を争う競争が多かったけれど、風の時代では「共に創る」共創がやってきています。

四大元素の魔法を使うときがきた！

四大元素はそれぞれ特徴を持っています。

詳しくは第3章で書いていますが、この特徴を順番通りに使うことで、現実化がぐっと近づく魔法の手順があります。

でも本当は、あなたが気づいてないだけで、自然と使っているんですよ！

【魔法の手順】

①火を使って、直観やアイデアをキャッチする
⇩
②風を使って、直観やアイデアをブラッシュアップさせるために、リサーチする
⇩
③水を使って、リサーチしたことを取り入れながら、現実に向かって計画し準備する
⇩
④土を使って、繰り返し行動する

わたしがこの魔法をはじめて意識して使ったのが、花曼荼羅®でした。

わたしは火を使って行動するときが多いので、瞬発力はあるけれど継続力が弱いのです。

だから、思いついてすぐに行動することは得意中の得意。

でも、繰り返し同じことを継続するのが大の苦手でした。

魔法を使う前のわたしは、思いついたらアクションしてみることの繰り返しで、いつまでも基盤構築することができない悩みを抱えていました。いつでも息切れ状態で、起業家としては致命的でした。

そんな頃、出版のアイデアが降りてきました。

このときは四大元素の魔法の手順を知っていたので、いつものように衝動的には行動せず、焦らずゆっくりと、火、風、水、土を順番に使いながら、企画書を書き上げました。

こうして誕生したのが花曼荼羅®です。

花曼荼羅®は四大元素をしっかりと使ったので、16年経った今でも、セラピストになる人が絶えません。

このように魔法の手順通りに使うことで、現実化がぐっと近づいてくるのです。

もし、あなたの願いがなかなか現実化していないとしたら、4つの元素のどこかで、エネルギーが止まっている可能性が高いと考えてよいでしょう。

それはどの元素でしょうか？

■火で止まっている人

アイデアや直観、決断力、行動力があるため、スタートは早いけれど、すぐに飽きてしまい長続きしない。

■風で止まっている人

新しい情報に出会うと、知りたい欲求が高まるが、たくさんの情報とマインドによって、頭の中が思考でいっぱいになり、考えるだけで時間が過ぎていく。

■水で止まっている人

やりたいことがあるのに恐れが出てきて、計画や準備ばかりに時間を使っている。今度こそは行動しようと思っても、なかなか前に進められない。

■土で止まっている人

形になっていない物事に対して不安を感じるため、完璧に準備を整えてからでないと行動ができない。下準備ばかりに時間がかかり、現実化への行動が遅れてしまう。

魔法のシート＊1

あなたの現実化を止めていた
元素はどれでしたか？

四大元素の歴史

このあたりで四大元素の歴史についてふれておきましょう。

先ほども記載したように、四大元素の歴史は非常に古く、前々々回の風の時代を代表する哲学者アリストテレスが統計化したと言われています。よく「五行説とは違うのですか？」と質問をいただくのですが、四大元素と五行説は似ているようでまるで違います。

四大元素は西洋の思想論ですが、西洋の壁画や絵画を見ると、天界の世界をモデルにしたものが多いことがわかります。西洋の世界観では、神々や天使を天上界にいる姿として表現しています。

先人たちが天上界の姿を描くとき、天を仰いでいたかはわかりませんが、天に現れる星々の配置の観察から占星術が発展し、そして四大元素の叡智が誕生したのも、何か意味があることだったのかもしれません。

でも東洋の思想は少し違っています。

東洋では神々は自然界やあらゆる物質の中に存在していると考えてきました。

〔図表　四大元素表〕

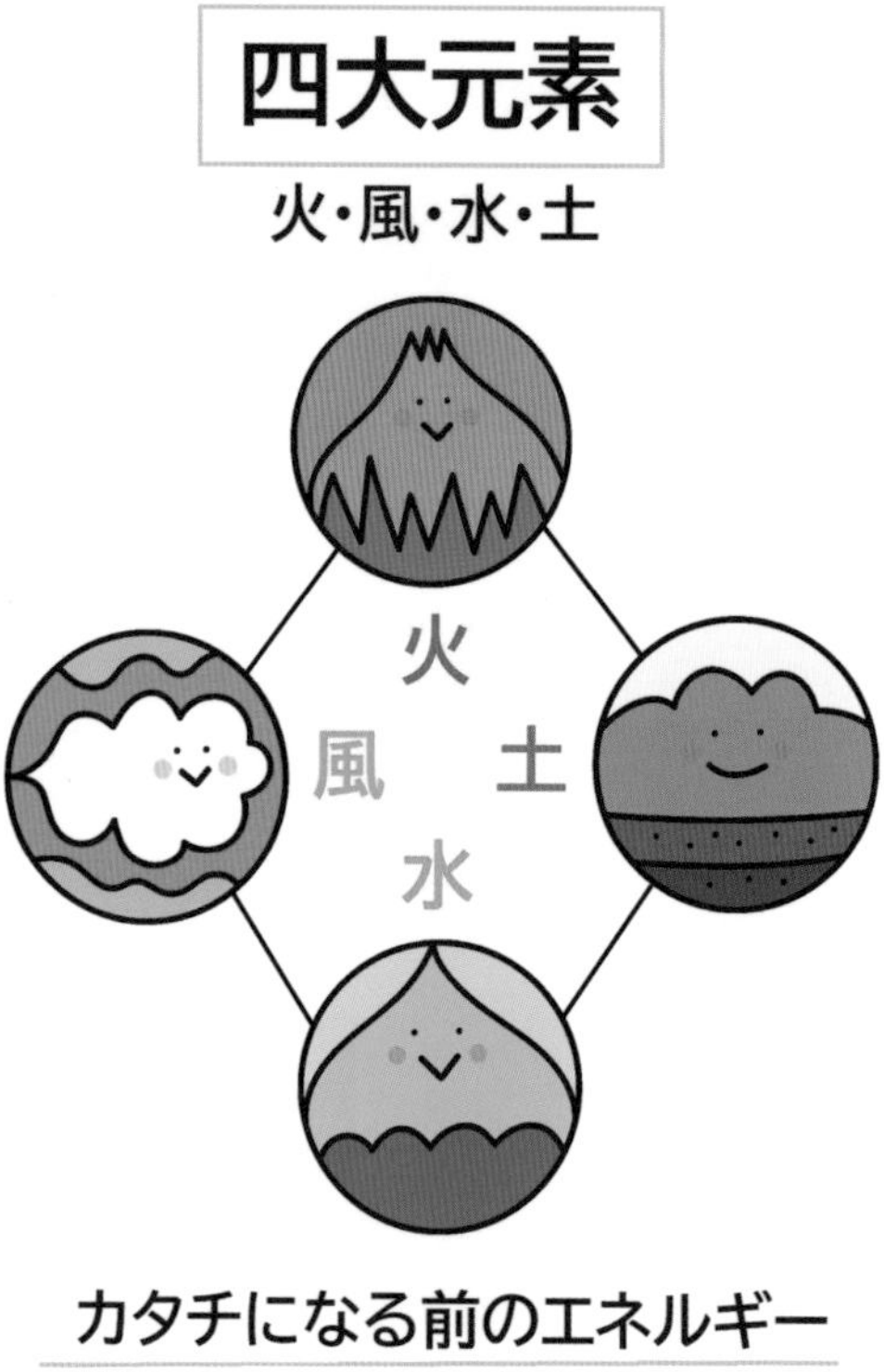

四大元素と五行説との違い

五行説は古代中国から伝わる学問の１つとされています。

五行は自然界に存在するすべての万物は「木」「火」「土」「金」「水」の５つの要素で成り立ち、すべてが５つのどれかに属すとされています。

５つの要素はそれぞれに違う特徴をもち、お互いに影響しあっています。

一方、四大元素は五行説と似ているようで、違うものです。

四大元素と五行説の最大の違いは、四大元素はカタチになる前のエネルギーを４つに分類したもので、五行はカタチになったエネルギーを５つに分類した点です。

四大元素を知ることとは、カタチになる前、すなわち現実化になる前のエネルギーを使える人になれるのです。

現実化を起こすには、意図やイメージが大切だと言われていますが、さらに現実化までの魔法の手順が加わるとどうなってしまうのか、想像するだけでもゾクゾクしちゃいます。あなたも四大元素の魔法が使えてしまうのです。

〔図表　五行表〕

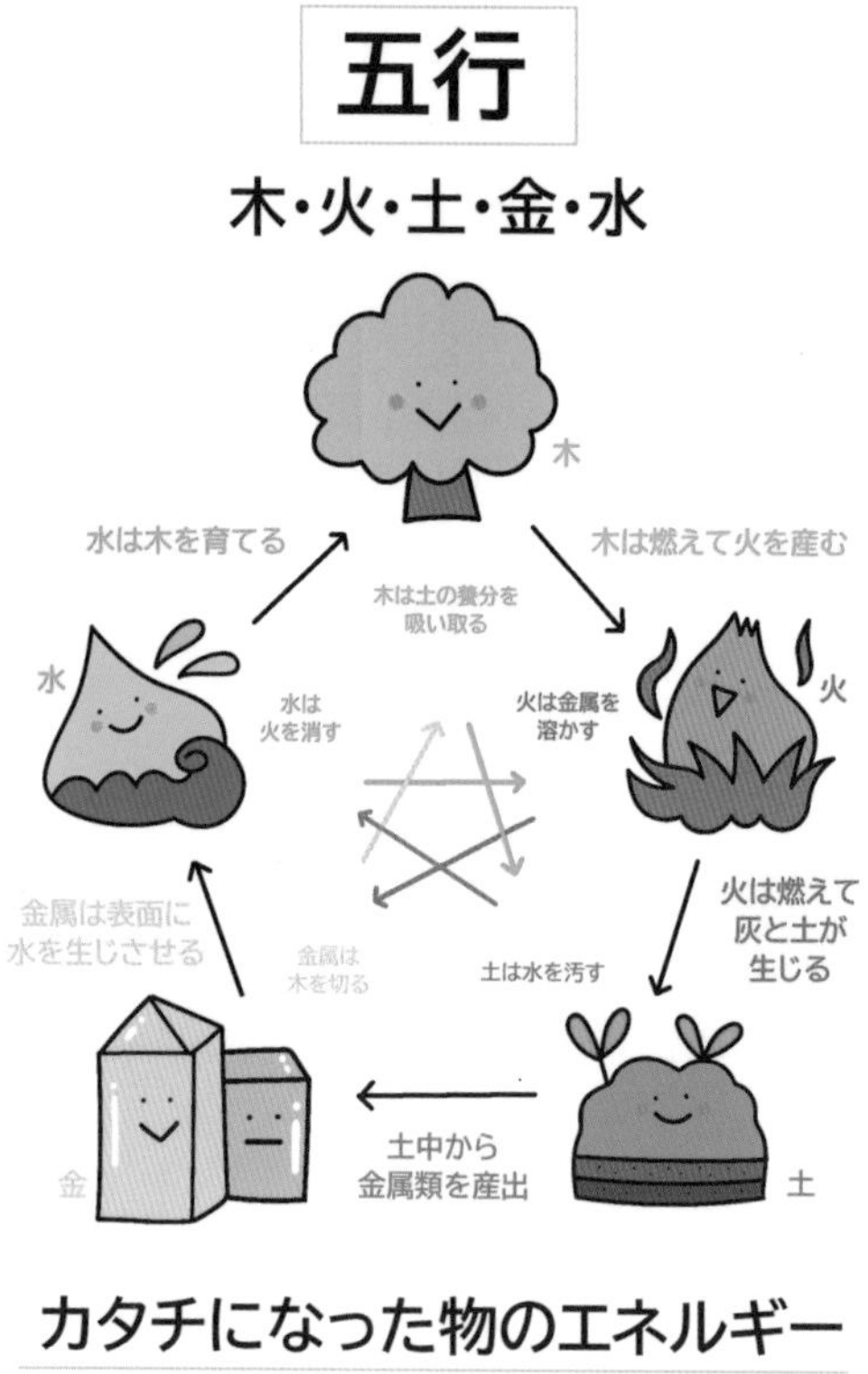
五行
木・火・土・金・水
木
水は木を育てる
木は燃えて火を産む
木は土の養分を
吸い取る
水
火
水は
火を消す
火は金属を
溶かす
金属は表面に
水を生じさせる
火は燃えて
灰と土が
生じる
金属は
木を切る
土は水を汚す
土中から
金属類を産出
金
土
カタチになった物のエネルギー

2　四大元素のルーツは古代の「風の時代」の叡智

四大元素の誕生

四大元素の起源は古く、最初に唱えたのはギリシャの自然学者エンペドクレスと言われています。

その後、プラトンやアリストテレスがさらに発展させました。

また、ユングは四大元素説を用いて、人の心の機能を4つに分類しました。

このように四大元素は多くの哲学者、心理学者の叡智により完成されたものです。

四大元素がよく使われている分野に占星術があります。

西洋占星術の起源はバビロニアにあったと伝えられています。

バビロニアでは天の星々を神々と結びつけ、星の縮図は地上界の出来事の兆しを表すと考えました。

天界に現れた星々を観察することは、何が起こるか予言ができ、占術とも結びつく流れに発展します。

占星術は少なくとも旧約聖書には登場していました。

当時は占い、呪術的、宗教的なこと、天文学やサイエンス的なことの境目がない時代で、古代の魔術は、宗教でもあり、化学でもあり、天文学でもあったのです。

地球から星の配置を見ることは、時間や季節、暦を知ることでもあります。

太陽は毎朝必ず東から登って西に沈み、夜には月が満ちて陰ります。

また、太陽のリズムは1日を表し、新月から次の新月までの27～28日が過ぎると、1ヶ月が経ったことになります。

人生の流れにどう乗るか、四大元素がカギに

占星術で使うホロスコープ horoscop（星々の配置が描かれた図）のホロは英語 horo=hour、時間という意味で、scop は観測です。
このことからホロスコープの誕生は、時間を観測するもので占いではなかったのがわかります。

太陽が登って朝になり、沈んで夜となることを繰り返し、時が流れて春夏秋冬がやってくるリズムは誰にもコントロールできません。

そして、わたしたちの運命もまた自然界のリズムそのもの。よいときもそうでないときもありながら、ただ流れているのです。

運命の流れは誰にも止めることができないけれど、人生という流れをどのように乗りこなしていくかは自ら決めることができるのです。その鍵を握っているのが四大元素です。

3　なぜ四大元素で「本当の自分」がわかるのか

本当の自分って、どんな自分？

自分の目で自分の目玉が見られないように、わたしたちは自分のことをわかっているようでわかっていない、不思議な生き物です。

カウセリングをしていても、やりたいことがわからない、何が向いているかわからないから教えてほしいと相談に来る方がとても多いです。

そもそも、本当の自分の「本当」とはどの部分なのでしょうか？

本当って、どこからどこまでのことなのでしょう？

そんな疑問にお答えできるのが天性診断です。天性診断はのちほどゆっくりご紹介しますが、四大元素をベースにした診断法です。

この診断法は行動と本質を知ることでパターンがわかり、自分を客観的に観ることができる便利なツールです。

本質という欲求と行動にズレがある人ほど、人生がしっくりこないと感じ、自分が輝いてない気分になってきます。

本質を知れば、人生が輝く

欲求と聞くとよいイメージを持っていないかもしれませんが、本質を生かすことは欲求を満たすのと同じような意味合いがあります。

ほとんどの人が自分の本質を知らないので、欲求を満たしていません。

だから、欲求不満となり、人生に不満を抱き、自分探しに走ります。

例えばあなたが、火の材料を持っていたとします。

火の本質は瞬発力があり、情熱に溢れて熱いです。そして、すぐに行動を起こすことができます。

というより、すぐに行動が起こせないと欲求不満になります。

あれが見たいと思ったら、すぐに見に行きたいし、あれが食べたいと思ったら、すぐに食べたい。思ったらすぐに行動できるのが長所でもあり短所でもある！　このような得意技ともいえるのが本質なのです。

インドの覚者から教えてもらった恐れ

わたしは世界100カ国以上に広がる悟りのプログラムを受講しています。世界のリーダー達と一緒に、インドの覚者から教えを頂いています。

2022年はアブダビ、スペイン、メキシコ、インドの4カ国に留学してきました。

覚者の話では、世界の95％の人たちが苦しみを抱えているといいます。

でも、何も問題がないときには、苦しみを抱えているなんて言われてもピンとこないですよね。

では、苦しみをストレスに置き換えたらどうでしょうか？

いつも頭の中では何かしら考え悩み、心配し、時には怒り、悲しみ、嫉妬やジャッジなどしている。このような状態はすべて苦しみの状態です。

覚者は言います。

「わたしたちの状態は2つしかなく、苦しいか苦しくないかのどちらかだ」と。

この話を聞いたときは衝撃的でしたが、正直ピンときませんでした。

「えっ、中間はないの？」と、思ってしまったほどです。

でも、悟りの道を歩めば歩むほど、この話が真実だと思えてくるようになり、自分の状態やクライアントさんのセッションをすればするほど、その理解が深まってきました。

本質と恐れの関係性

本質を知ることは自分がどんな欲求を持っているか知ることができるということです。欲求が満たされないときは思いと行動に不一致が起きて、その不一致さが欲求不満を生み出していたことが、天性診断により手に取るようにわかります。

本質は自分の奥底に眠る、宝石箱のようなイメージです。

この宝石箱にはどんな宝が入っているのか、自分には見えないけど、キラキラした宝石がいくつも入っていることをあなたの本質は知っています。

そして、その宝石を使って輝けることも、うすうす感じているのですが、どうしたらその宝石たちを使いこなせるのか、まるでわからないのです。

このような欲求不満は、自己否定や焦り、イライラなどの苦しみを生み、苦しみは恐れとなり、恐れはあなたを幸せからどんどんと引き離していきます。

コインが裏表で1つであるように、本質と恐れもコインの裏表のような関係性があるのです。

天性診断を受け、自分の苦しみに気づいたAさんは、長年続いていたモヤモヤを解消しました。

AFさん　社会福祉　40代【月星座　水】

The Flower受講前は、義実家を出て離婚調停中であり、実家に戻っても両親との関係にも悩んでいました。
よく考えてみると、「家族」との関わりにずっと囚われていたと思います。

一時同居していた祖父に萎縮し、同居を止めてからも、
父との関係が原因で母が常にイライラしており、弟も荒れていました。
その家族のバランスを保とうとしていた自分がいました。

そんな気持ちを誰もわかってくれない。
でもそんな気持ちをどこかでわかってほしいと思っていました。
そんな生育歴もあり、「親子関係に悩む子どもを助けたい」と、
福祉の世界に飛び込みました。

しかし、受講前のもう1つの悩みともつながりますが、
福祉の仕事を始めても職場の雰囲気、パワーバランスを敏感に感じ取り、
居心地がとても悪く感じ最終的には眠れない、イライラする、

などの体調不良にも繋がっていました。

せっかく「人の役に立ちたい」「人と関わるのが好き」という想いから始めた仕事なのに、人間関係で悩んでいるのがとても嫌でした。

「利用者それぞれがその人らしく生きられるようにする」

「利用者のために」という想いで働いているのではなく職場の人たちの顔色ばかり窺って働いている、
その状況がとても耐えられず、苦しかったです。

そんなグルグル、モヤモヤした感覚から抜け出すために、どうにかしたいともがいていたように思います。

四大元素が導く本質とは？

四大元素は現実化になる前のエネルギーを4つに分類したものです。

この元素はあなたをつくっている材料であり、それぞれ得意な分野がありま
す。

元素が得意とすることは、同時にあなたの得意分野でもあるのです。

例えば、あなたが「風」の材料を持っていたとします。風の得意分野はリサーチです。そして、本質的に「知りたい」という欲求を持っています。

そんなあなたは、いつでもアンテナが立っていて、何か役立つ情報はないかリサーチしています。

そして、自分がまだ知らない情報が目にとまると、それを知りたくて気になって仕方がなく、うずうずしてきます。

また、その情報を知ると自分の欲求が満たされ、わくわくするので、欲求が満たされ、自分が変われたような気さえしてくるのです。

反対に知りたいという、欲求が満たされなかった場合は、得意分野が発揮できなかったので、欲求不満となって苦しみストレスとなっていきます。

このように、本質と苦しみやストレスはコインの裏表のような働きをしているケースがあります。

4　本当の自分とは四大元素が定める「運命の本質」

本質を知ると自分が好きになる

あなたは心の底から、「自分が大好きです！」と、言い切ることができますか？

驚くかもしれませんが、自分を好きな人より、嫌いな人の方が圧倒的に多いのです。

本心は好きでいたいのに、真反対を引き寄せてしまっているのはなぜでしょうか？

なぜ、自分を好きになれないのでしょうか？

自分が本当に思っていることが言えなかったり、行動できなかったり、思いと行動の不一致の体験が多ければ多いほど、自分を好きになれないのではないでしょうか？

本質を知るまでは自信がなく、自分のことが嫌いだったＹさんは、天性診断で深く自分を知ることができ、自分を愛せるようになりました。

ＹＴさん　作業療法士　30代　【本質・風】

「人間関係においてバランスをとり、皆と仲良くしたい」という本質を知ったことでわたしは同時に恐れも見えてきました。

「相手の人・周りの人が嫌な気持ちになること≒自分が嫌われること」でした。

そのため常に他者の目を気にし、相手に合わせて振る舞いました。

相手の雰囲気を察知し、相手が変われば自分の言動も無意識に変わります。

例えば小学生の頃、家では姉弟の間で劣っているべきと考えて、おどけたりトボケたりし、突っ込まれる自分でしたが、学校では先生の期待する通り、真面目で活発な児童でした。

でも友人の前で優秀だと鼻につくので、推薦されてうれしかったはずの代表委員を辞退したりしました。

そんな嫌われない自分をわたしが嫌いでした。

でもそうしないと、自分の存在が許されないと思っていたのです。

そのほか、仕事でも子育てでも、あらゆる場面で他者の気持ちに合わせた言動をしていたため、「自分」がいなくなってしまいました。

苦しかったです。

その「他者の気持ち」は、実は自分の思い込みなのだと、あとから知ります。

天性診断で自分の本質を知り、これまでの自分に納得がいき、涙が流れました。

今は自分を認め、好きでもあります。

恐れは多少残ってはいますが、恐れを自覚していることが前進に繋がることを感じています。

恐れの正体を教えてくれたインドのＥＣＡＭ

わたしたちは自分にどんな恐れが潜んでいるのか、なかなか気づけません。

それどころか恐れの正体さえわからないのです。

これまでわたしは幸運研究家として40年以上、人が幸せになるには、どうしたらいいのか探求し続けてきました。

幸運については、専門知識は身についてきましたが、恐れの正体はほとんど知らない状態でした。

そんななか、インドの「ＥＣＡＭ（エーカム）悟りのプログラム」に出会い、恐れの正体について深く知ることになったのです。

ここで世界最高峰の悟りの教えを広げている、インドのＥＣＡＭ（エーカム）について少しご紹介しましょう。

ＥＣＡＭは

・創設：30年以上
・影響を受けた人数：７０００万人以上
・展開されている国：１０００ヶ国以上

まさに名実ともに世界トップクラスの悟りの教育センターです。

ここでの教えとプロセスによって、わたしは自分に癒しが起き、より深いレベルで皆さんへ恐れについてお伝えできるようになりました。

自分の恐れがなくなり、クリアになればなるほど扱える領域が広がっていくのを、日々、感じています。

本質が自分の恐れを見るよい材料になる！

ここでもう1人、本質を知ることで自分に隠れていた恐れの状態に気づいた方の体験談をシェアします。

彼女は一体どのようにして気づきが起きたのでしょうか？

『CHさん　フラワーデザイナー　50代　【本質・風】

わたしはThe Flowerに入り、四大元素の学びを深めたことで、不足と過剰はセットになっていると思いました。

自分では「普通」に当たり前のことをやっていると思うことが、実は世間一般からすると「できている：やれている」状態であったこと。

でも、自己肯定感が低いと「褒め言葉」はそのまま受け取れず、やっかみや嫌味などは、そのまま受け取り、（何か言われること自体が嫌だと感じる）。

そこに負けず嫌いが加わると、自分が足りていないと思って、さらに頑張る（＝完璧を求める）。

でも、これは明らかにやり過ぎなので、結果、周りにも鼻についてしまい、よからぬ現象が自分にも還ってきていたのだな、と気づきました。

ずっと、月星座の本質と恐れが結びつかずにいましたが……

「何か言われること自体が嫌だ)」感じる部分は、月星座の「水瓶座」の「自由にやりたい」「枠を超えていきたい」という欲求を抑えられたからと、捉えることができると思うので、「1人で淡々と、黙々と取り組んでいる」ときは調子がいいけれど、「周りに人が多ければ多いほどブレる」という傾向があったことに気づきました。

他人の目や人から言われることを気にして、自分の目指している方向性を変えてきてしまっていたのは、「水」の共感や受容が影響していたのかと思ってきたけど……

もしかして、これこそが、月の本質の恐れの表れだったのかもしれない。

今これを書きながら初めて出てきました！

気づきって、予告なしに起きてくるものなのですね』

自分の状態に気づいていることは、自分にどんなことが起きているのか客観的に視ることができる第一歩となります。その鍵を握る本質について学びを進めていきましょう。

あなたの本質の調べ方

実際にどのようにしたら四大元素を使って本質がわかるのでしょうか？

それはあなたが生まれたときに出ていた月の位置と関係しています。

よくＴＶや雑誌の占いコーナーなどで見かける「今日の牡羊座の運命は？」というのは、太陽星座です。

「太陽星座」は、あなたが生まれたときに太陽がどの星座に滞在していたのか、そのときの関係性を読み解いたもの。太陽が滞在した位置はあなたの行動を司ります。

一方、月が滞在した位置はあなたの本質を司っていて「月星座」と呼ばれています。

月星座はインターネットの無料サイトで簡単に調べることができますので、

おすすめのサイトをご紹介します。

https://goisu.net/chart/

インターネットの無料サイトでは、月が該当する星座がどこにあるのか確認することができます。もし、出生時間がわからない人は、お昼の12時で入力して調べてみてください。

例えば、おすすめしたサイトに生年月日を入力して調べ、左のような表が出てきたとします。

上から二段目の月の星座が書いてある部分を見ると、「牡牛座」が該当する星座となり、その隣に「地」と書いてあります。これは土と同じなので、この場合は、月星座が該当する材料は「土」になるわけです。

同様に、牡羊座、獅子座、射手座の材料は火。双子座、天秤座、水瓶座の材料は風。

蟹座、蠍座、魚座の材料は水。乙女座、山羊座の材料は、牡牛座と同じ土です。

各タイプの特徴は、第2章で詳しくご紹介していきますね！

〔図表　天体位置表〕

天体位置表

惑星	星座	度数	ハウス
太陽	魚座　（水）	19.27	7
月	牡牛座（地）	13.42	9
水星	水瓶座（風）	23.14	6
金星	魚座　（水）	29.46	8
火星	水瓶座（風）	28.43	6
木星	水瓶座（風）	26.50	6
土星	水瓶座（風）	07.46	6
天王星	獅子座（火）	27.61（R）	12
海王星	蠍座　（水）	13.32（R）	3
冥王星	乙女座（地）	08.58（R）	1

魔法のシート＊2

あなたの本質の元素を
書きましょう。

第2章

「四大元素」で運命の本質がわかる

１　自分をつくっている「材料」とは？

四大元素よ、世界中に広がれ！

わたしの人生は、四大元素を使ってから大好転して来ました。特に子育てにはとっても役立ちました。

火のエレメントを持つわたしは行動が早くせっかちなので、動作が遅い土のエレメントを持つ息子たちに対して、ついイライラしてしまい、よく怒っていました。

でも、心の中では、短気を起こして怒ってしまう、そんな自分が大嫌いで、自己嫌悪に苦しんでいた時期を長く過ごした経験があります。

火の元素が強くなったときのわたしは、悲しくても苦しくても怒りとなる特徴があることを知り、本当に救われました。

また、四大元素は仕事でも大活躍です。

四大元素の魔法の手順を正しく使うことで、本の出版や、千趣会・ディノスなどの一流企業とのタイアップ企画など、「こんなことができたらいいなぁ〜」と、思ったことのほとんどが叶ってきたのです。

ある日、瞑想を終えてリラックスしていたとき、ふと、意識に入ってきた感覚がありました。

それは、もっと世界中にこの魔法の手順が広がれば、悩み苦しむ人が減り、自分らしく生きられる人が増えていく、そのような感覚でした。

悩みや苦しみから解放され、自分らしく生きる人たちが増えれば、自分や他者をジャッジし、分離することも減っていきます。

幸せに満ちあふれるには、まずは自分がどのような材料でつくられているのか、その特徴を知ることが大切です。

その鍵を握っているのが、四大元素です。そして、『四大元素よ、世界に広がれ〜』と願ったら本当に叶ってしまいました！　願いがかなうポイントは、恐れのない状態から願うことです！

例えば、「〇〇になりませんように」では、〇〇になることを恐れている状態から願っているので、叶いにくくなってしまいます。

ディズニー映画のマイ・エレメント

ちなみに、わたしが受け取った感覚を叶えてくれたのは、なんと世界のディズニーです（これ、勝手にわたしが思っているだけですが）。

世界中の人たちに愛されているディズニー。

子育て中はディズニーランドに年2回は遊びに出かけていました。

可愛い缶に入ったクッキーやチョコレートを選んでいる時間は子どもたちより夢中になり、子連れで来ていることをうっかり忘れてしまうほど没頭していたものです。

ディズニーランドも楽しいけど、わたしは映画も大好きです。

ディズニー映画は何度観ても飽きないし、何よりも夢があっていいですよね！

わたしたちに夢を与え続けてくれているディズニーが、四大元素を題材とした「マイ・エレメント」を放映すると知ったときは、ひっくり返るほど驚きました。

そして本当に、四大元素が世界に広がる夢が叶ってしまったのです！

あなたをつくっているエネルギーの材料

四大元素は、火・風・水・土、4つのエネルギーがあります。

諸説ありますが、わたしたちの中には、この4つのエネルギーが存在していると言われています。

また、別の言い方をすれば、あなたをつくっているエネルギーの材料とも言えます。

四大元素の特徴を知ることは、同時に自分がつくられている材料を知ることになるのです。

これまでの人生では、自分の材料しか使えてこなかったので、どうして人間関係がうまく行かなかったのか、どうして、思ったことが実現しなかったのか、なかなかその理由にたどり着くことができなかったと思います。

でもこれからは違う道がひらけていきます。

その道は、第4章でさらに詳しく紹介していきますが、うまくいかなかった謎がわかり、スッキリしますよ！

どうぞ、楽しみにしていてください。

2　他者との「違い」が腑に落ちる

自他との違い、近い関係ほど曖昧に

自分と他者は違う存在という言葉を聞いたら、「それ、当たり前のことですよね！」と思います。

だって、名前も性別も全く違うのですから、別物の人間です。

でも、ここで伝えたい自他との違いとは、別物の人間だということを意識の深いレベルでわかっている状態です。

親子やパートナーシップ、同僚や上司などの人間関係になったとたん、自分と他者は違うという感覚が吹っ飛んでしまった経験ありませんか？

例えば、子育てでは「なんでこんなこともできないの？」「お母さんの言うことがわからないの？」とか、パートナー同士では「いちいち言わせないで察してくれよ」「あなたの言動が理解できない」など。

会社では、上司が指示したことは理解されて当然で、自分ができることは部

下もできて当たり前というような感覚など、よくあるケースですよね。

いずれにせよ、このようなことが起きているときは、自分と他者は違う存在だなんていうことはすっかり忘れてしまっているはずです。

相手を知れば知るほど、愛おしくなる

天性診断は、子育てやパートナーシップで悩んでいる方々がたくさん受けています。

家族やパートナーなど大切な人たちや自分が影響を受けてしまっている人の四大元素を知ると、皆さん「そうだったんだ。納得しました！」などと、口を揃えて言っています。

そして、これまで相手との間に生じていた不快感の原因を知ることができます。

また、相手も悪気があったわけではなく、その方が持つ材料の特徴にすぎないと腑に落ち、相手の言動にこだわっていた自分から解放されていく人も少なくないのです。

3　違いがわかればコミュニケーションが円滑になる

材料を知れば違いがわかる

この本を手に取ってくれているあなたは、人とのコミュニケーションを大切にして、お互いにとってよい人間関係を築きたいと思っていることでしょう。

子どもやパートナーなど、あなたにとって大切な人たちが持っている材料がわかると、これまで引き離されていた感覚がぐっと近づき、急速に相手との距離感が縮まってくるように感じてくるでしょう。

そして、理解できなかった人に対して、愛おしさがわき起こる体験をするかもしれません。

Sさんも、そのような体験をした1人です。

Sさんは2人の育ち盛りの男の子のお母さん。

ちょうど、自我が芽生えて目につくものは手に触りたいし、なんでも自分でやってみたい、そんな年頃を迎えています。

子育てを終えたお母さんにしてみたら、子育て期間は大切だから、興味があることは体験させてあげたらいいい、なんて余裕な気持ちもあるかもしれませんね。

でも、実際にこの時期の子育ては体力を使い、頭もからだもフル回転で、人によってはキャパオーバーとなりやすいものです。

Sさんも例外ではありませんでした。

育ちざかりの男の子は本能の赴くままに行動して、危なっかしくて目を離せず、つい怒ってしまいます。

でも、Sさんは、本当は口うるさい子育てではなく、自由にのびのびとさせてあげたかったのです。

だから、その反対をしてしまう自分を責め悩んでいました。

ところが、天性診断を受けたことで、2人の男の子の特徴が手にとるようにわかり、また、どうして口うるさくして怒ってしまうのか、自分の言動にも納得したと言います。

納得した瞬間、自分が悪くなかったことがわかり、ほっとしたそうです。

長所も短所もないんだ！

長所や短所はその時々によって、立場が逆転するケースがあります。

例えばあなたが、周りの空気感をよく読める人で、いつも相手のことを優先して気が利くと評判だとします。人はそこがあなたの長所だと思っているのです。

でも、本当のあなたはいつも他人を優先してしまい、相手に合わせてしまう自分が嫌いです。

相手の言動の細かいところに目がついてしまい、そこにこだわりを持ち始め、苦しくなってしまいます。

長所だと思っていたことが短所だったり、短所だと思っていたことが長所だったりと、四大元素を通して見てみると、まったく違う視点での気づきがやってきます。

また、相手をみるときのあなたの状態が違うだけでも、相手へのジャッジに対して、真反対の印象さえ芽生えてきますから不思議です。

すべては自分の状態次第で物事の捉え方がまるで違ってくるのです！

4　心の平穏は家庭から

母ちゃんご機嫌が家庭安泰！

昔、コマーシャルで「父ちゃん元気で留守がいい！」というセリフが流行りました。

これ、笑っちゃいますけど、共感してしまう女性も多いのではないでしょうか？

時代は変わり、最近では「母ちゃんご機嫌で家族安全！」なんていう家も多いですよね。

お母さんの機嫌がいいと、子どもや旦那さんが怒られる回数が圧倒的に減ります。

でも、お母さんは好きで怒鳴っているのではないのです。

いつも機嫌が悪くなる自分に対して、自分を責め、自己嫌悪に落ち込み、苦しんでいるお母さんがとても多いのです。

ご機嫌斜めになる原因とは？

つい、機嫌が悪くなってしまう原因の１つに、四大元素が過多となりバランスを崩しているケースがよくあります。そんなとき、ほとんどの人たちは、自分の持っている材料しか使えていない状態に陥っています。

いつも時間が足りず、やりたいことができないと悩み、天性診断を受けにきたキャリアコンサルタントのＥさん。Ｅさんの材料を視てみると、風がたくさんありました。風の最大の特徴は考えること。

いつも思考を廻らせ、頭の中で「ああでもない、こうでもない」と、おしゃべりばかりしています。

頭の中でのおしゃべりタイムが忙しく、エネルギーを使ってしまい、行動する気分になれなかったのです。

Ｅさんの時間を奪っていた犯人は風のしわざ。まさに、風に時間を奪われていたのです。

風はふわふわしていますよね。風がなびいている時間は行動ができず、思考ばかりが働いてしまっています。

そんなとき、重石があればどうでしょう？　しっかりと地に足がついて、ふわふわが止まります。これがグランディングと呼ばれる状態です。

風のグランディングには行動が一番ですが、第3章ではバランスを崩したときの対処用も四大元素ごとに詳しく書いているので、自分に当てはめて観察してみてくださいね。

コラム　幼少期の体験が苦しみをつくっていた！

MTさん　看護師　50代【本質・土】

わたしの幼少期は父親がした借金が原因で家族や親戚とも揉めごとが多く、安らげる場所はありませんでした。

いつも怒られないように気をつけていました。

そのせいかはわかりませんが、幼稚園・小学校とも人の輪に入ることができず、入りたいけど言えない、そのうちあえて一人を選ぶようになり、「自分はどうでもいい存在」と思い込んでいました。寂しかったです。

しかし、小学校の高学年で「こんなの楽しくない」という思いがわき上がり、このときから努めて同級生に声をかけ、笑顔でいることを心がけたことで友達ができました。


中学のとき、両親が離婚したことで、生活は一変。緊張感から解放されました。友達も増え、楽しい学生生活を送りました。

わたしの願いは、「普通の穏やかな生活」です。

今思うと無意識に揉めごとに敏感に反応し、そのことを避けて、人に嫌われないようにずっと生きてきたと思います。


結婚し子どもにも恵まれても同じ。

主人を立て主人に意見しないことが平和の条件と思い、頑なに守って、そのうち「意見が言えない」にすり替わり、窮屈さを感じてきました。

子どもの手が離れ、自分の世界に楽しみを求めて入ったところは、とても楽しく自分が解放されました。

とても楽しかったので友達も誘いました。

しかしそれをお仕事にとなると、急に怖くなりました。

お金で人と関わることに嫌悪感と恐怖心が襲ってきて、苦しくて辞めてしまいました。このようなことが2、3回ありました。

友達はグループの輪を広げていくのに、できない自分を卑下し、自己肯定感がどんどん低くなっていきました。

何ができるのか、何がしたいのか、だんだんわからなくなり、自分でも迷子になっていきました。

The Flower に入ったことで、自分を振り返る時間を持つことができ、これまでの行動は、自分の思い込みに囚われ執着した結果、自らがつくり上げた世界だったと気づくことができました。
おかげさまで執着から大解放が起き、生きるのがとても楽になりました。

第3章

4タイプの エレメント人、それぞれの特徴

1　火のエレメント人が持つ特徴

直感力が抜群の火の力

四大元素のトップバッターは火のエレメントです。

キーワードは、直観・アイディア・情熱・行動・エネルギー・仕事・浄化・力・怒りなどです。

該当する月星座は、牡羊座・獅子座・射手座。

火のチームは、ひと言で表現すると「熱い人たち」です。

そして、とてもアクティブでドライな印象があります。火は炎がゆらゆらと動いてないと、存在が消えてしまいます。

すなわち、いつも行動していないと、自分らしくいられないのです。

そして、直観をキャッチする力が強いので、新しい企画やアイディアが自然に浮かんで来ます。また、熱いエネルギーを使っていくことで影響力が生まれ、リーダーとなることが少なくありません。でも、火が過多となると、バランスが崩れてきます。そんなときこそ、自分の状態に気づくことが大切なのです。

火のバランスが過多となったとき

火のバランスが過多となったとき、あなたは焦り怒る性質を持っています。「忙しい、忙しい」と、口癖のように飛び回り、相手に対して雑な対応をとってしまいます。怒りと焦りは行動を早めるガソリンのようなもので、自分自身に火を注いでいるのと全く同じです！

わたしは子育て中に、いつも怒っている自分が大嫌いでしたが、どうにも止めることができずに自己嫌悪に陥っていた時期がありました。

そんなとき、火の元素が過多となっていた自分に気づきハッとした経験がありました。それからは、怒りや焦りが出たときは、火が過多となっている状態だと気づけるようになったので、必要以上に怒ることがなくなりました。

また、よく調べず、計画をしないで、すぐに決断してしまう傾向も過多となった状態です。あなたが冷静に自分の状態を観察できることは同時に自分のパターンを回避することに繋がるのです。

火のエレメント

直感・情熱
アイディア
行動力

牡羊座
獅子座
射手座

2　風のエレメント人が持つ特徴

リサーチならお任せ風の力

四大元素の２番手は風のエレメントです。

キーワードは、思考・リサーチ・情報・コミュニケーション・ＩＴ・知性・自由・教育などです。

該当する月星座は、双子座・天秤座・水瓶座。

風のチームはひと言で表現すると、「知りたい人たち」です。

そして、自由で軽く、どこへでも飛んで行ってしまうような、そんな特徴があります。

風は考えることが大好きなので、人よりも知りたい欲求を強く持っています。思考の範囲が広がる情報がたくさんあればあるほど、自分の欲求が満たされるからです。

このチームは無駄を嫌うので、理論的なロジックや、データを好みます。そのため、周囲にはインテリジェンスに富んだ印象を与える力を持っています。

風がバランスを崩したときは注意が必要です。

風のバランスが過多となったとき

風のバランスが過多となったとき、あなたは言葉がきつくなり、人間関係が面倒くさくなる傾向があります。

無駄を嫌うため、要件のみの表現になりやすく、そのため、相手に強く、鋭い印象を与えてしまうのです。

すると相手は、刀でスパンと切り離されたような気分になってしまいます。でも決して悪気があるわけはないのです。

この現象を「風のおもてなし」と呼んでいます（笑）。

このように、風のエレメントが過多となり、おもてなしが悪く出てしまったときは、相手の反応や物事の進み具合など、外側の環境で気づくことができます。もともとコミュニケーションが得意な風の人たちだから、おもてなしどころの強弱を自分で気づきながら使うことができたら最高ですね！

風のエレメント

思考・情報
リサーチ・IT
インターネット
コミュニティー

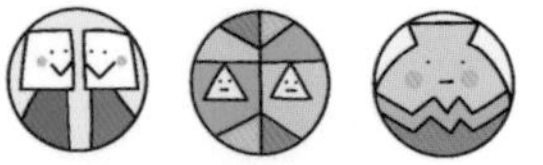

双子座
天秤座
水瓶座

カレー屋をやることに決まりました
学園祭
カレー屋
カレーと言ってもどんなカレーに？
カレーについて知っていることは何ですか？
学園祭
カレー屋
がやがや
がやがや
激辛ビーフ？
もっと知りたい
ピコン
ピコン
日本
発祥
香辛料
欧風
印度
ブーム
スープ
ご当地
レトルトカレーは日本が世界初です
現在、日本各地でご当地カレーのレトルト食品がとても流行っていますので各地のカレーを食べられるようにしたらいいと思います
おおー！すごい！
へー！

３　水のエレメント人が持つ特徴

共感と感情がピカイチ、水の力

四大元素の３番手は水のエレメントです。

キーワードは、感情・計画・同情・愛情・癒し・受容・夢・悲しさ・浄化などです。

該当する月星座は、蟹座・蠍座・魚座。

水のチームは、ひと言で表現すると、「共感しやすい人たち」です。

例えば、人の相談を聞いていると、まるで自分の悩みのように一体となってしまい、相談に来た人よりも、その人のことをいつも考えるようになる傾向があります。

水はそれほどまでに強い受容力を持っているのです。

その受容力は、悩める人たちを癒す力でもありますが、他者のエネルギーと同調することで迷いが生じやすくもなります。

そして、ようやく決めたことでも、次の瞬間にはその決断が間違っていないか、クヨクヨと悩みはじめてしまうのです。

水がバランスを崩したときは判断が鈍り、不安が生じ、悩みのパターンに陥りがちとなるので注意が必要です！

水のバランスが過多となったとき

水のバランスが過多となったとき、あなたはいつも悩んでいて決断することができなくなります。いったん決断できたことも、本当によかったのかと悩み、不安でいっぱいとなってしまう傾向にあります。

また、迷いが生じて、決められない自分に自己嫌悪に陥りやすくなってしまいます。自己嫌悪のまま時が過ぎていくのは辛いものです。その時間が長ければ長いほど、自信を失いがちとなります。悩みや不安でいっぱいとなったとき、あなたは今、この瞬間におらず、過去か未来に行っています。

また、水のエレメントは空想も大の得意で、夢見がちになっているときも水が過多となっている状態です。

水のエレメント

感情
計画
受容

蟹座
蠍座
魚座

4　土のエレメント人が持つ特徴

縁の下の力持ち、土のちから

四大元素のラストを飾るのは土のエレメント。

キーワードは、地固め・安定性・山・家・自然・富・グランディング・繰り返し行う行動などです。

該当する月星座は、牡牛座・乙女座・山羊座。

このチームはひと言で表現すると「安定が大好きな人たち」です。

安定するためには、地固めが必要となりますが、地が固まるまでは辛抱強く同じことを繰り返して行うことができるのも土の力の1つです。

また、土はほかのエレメントに比べると重いので、動きも遅くなりがちになります。

その裏にあるのが安心、安定という本質的な欲求です。

また土のチームは完成度の高いカタチにこだわりがあります。自分のペースでしっかりとしたよいものをカタチとしたいので、必然的に時間がかかってしまいます。

よいものを仕上げるには、こだわりは必要ですが、それが強くなって来たときには注意が必要です。

徐々にバランスを崩し、次第に苦しい状態へと変容します。

土のバランスが過多となったとき

土のバランスが過多となったとき、あなたは頑固になっています。

すでに自分がどうするかを決めていて、決めたことを曲げようとしない状態になります。

また、その場に立ち止まり、いつまでも新しいアクションができなくなるので、変化しにくい傾向に陥りやすくなります。

せっかく新しい世界を体験しても、元の状態に戻りたくなるのも土が過多となっていると言えます。いい・悪いということではありませんが、このようなことからも、土が繰り返す行動が得意なのが理解できるのではないでしょうか。

土のエレメント

地固め
安定
繰返し行動

牡牛座
乙女座
山羊座

魔法のシート＊3

あなたの元素の特徴は？

【1日1分】四大元素瞑想

4つのエレメントが持つ特徴はお役に立てましたか？

四大元素は、誰しも持っているエネルギー体の材料です。

この4つの元素がバランスよく生かせるよう、生活の中に瞑想を取り入れてみましょう。

手順を読んだら、そっと目を閉じて瞑想に入ります。


背筋をまっすぐにして座ります。

リラックスできるポジションが決まったら、なるべくからだを静止させます。

呼吸はゆっくりと。鼻から息を吸って、鼻から息を出します。

呼吸に意識を向けて集中しましょう。

部屋の空気が鼻から入って、鼻から出ていくのを観察していきます。

①足から膝に意識を向けます。ここは土の領域です。あなたの膝までが土で満たされるようにイメージするか、ビジュアライズします。

②膝からおへそまでに意識を向けます。ここは水の領域です。あなたのおへそまでが水で満たされるようにイメージするか、ビジュアライズします。

③おへそから肩までに意識を向けます。ここは風の領域です。あなたの肩までが風で満たされようにイメージするか、ビジュアライズします。

④肩から頭のてっぺんに意識を向けます。ここは火の領域です。あなたの頭までが火で満たされようにイメージするか、ビジュアライズします。

あなたのからだに四大元素のエネルギーがあることを感じられたでしょうか？

1日1分でもいいので、この瞑想を取り入れてみてください。

毎日、ベイビーステップで続けていくことで、あなたの四大元素のエネルギーバランスが整ってきます。

また、この瞑想を応用していくと、どの元素が過多となり、また過小になっていてバランスを崩しているのかなどの気づきを得られます。

ちなみに、ベイビーステップとは、言葉の通りで赤ちゃんのようなステップという意味です。

誰しも、目標を立て、達成に向けてアクションする経験はありますよね。でも時々、大きく派手な行動をしないと行動したことにならないと、勘違いをしている人がいます。だから行動するのが怖くなって、何もできないまま月日が経ち、行動できなかった自分を責めてしまう。でも、自分を責める必要もなければ、大きく派手な行動をする必要もないのです。毎日の生活の中で小さな行動もできないのに、いきなり大きなことをすることはできません。

赤ちゃんのはいはいが、体や脳の働きをつくる大切な動作のように、ベイビーステップは着実に前に進む大切な動作なのです。

まずは、ベイビーステップで小さくとも前に進みましょう！

第4章

4つのエレメント人の運気を上げるラッキーグッズ

1　波動に合うグッズを身につけて運気アップ！

わたしたちはいろいろな物に囲まれて生活をしています。

物を買うとき、ほとんどの人は、自分が好きで気に入ったものを購入していると思いますが、その次に多いのが、運気が上がる物を買いたい人です。

わたしが風水鑑定をしていた頃、カーテンやカーペットの色など、自分の運気をアップさせる物を教えてくださいと、多く方から質問がありました。

世の中には運気アップ商品がたくさん出回っています。ラッキーグッズですから、当然その物自体のエネルギーは高いのですが、自分が持ったときに共鳴しなくては、その力は活かされてきません。

運気アップとして物を購入する場合は、自分のエネルギーを拡大するか、もしくは自分にとって波動が合うかが大切なのです。これからご紹介するラッキーグッズは、自分のエネルギーを拡大していくものです。48ページでチェックした、月星座のエレメントに該当する箇所を参考にしてくださいね。

2　火のエレメント人の運気を上げるラッキーグッズ

〈シンボル〉

△上向の三角

〈ラッキーカラー〉

赤・オレンジ・黄色・金

〈石〉

ルビー・スファレライト・アレキサンドライト・アンデシン・メキシコオパール（赤系）・インカローズ

〈アロマオイル〉

シナモン・ジュニパー・ローズマリー・イランイラン・ジンジャー

〈お花〉

カーネーション・マリーゴールド・ひまわり・ダリア・ピオニー

〈小物〉

金・キャンドル・龍の絵が入ったもの・赤いバッグ

〈サンクチュアリ（聖域）〉

富士山

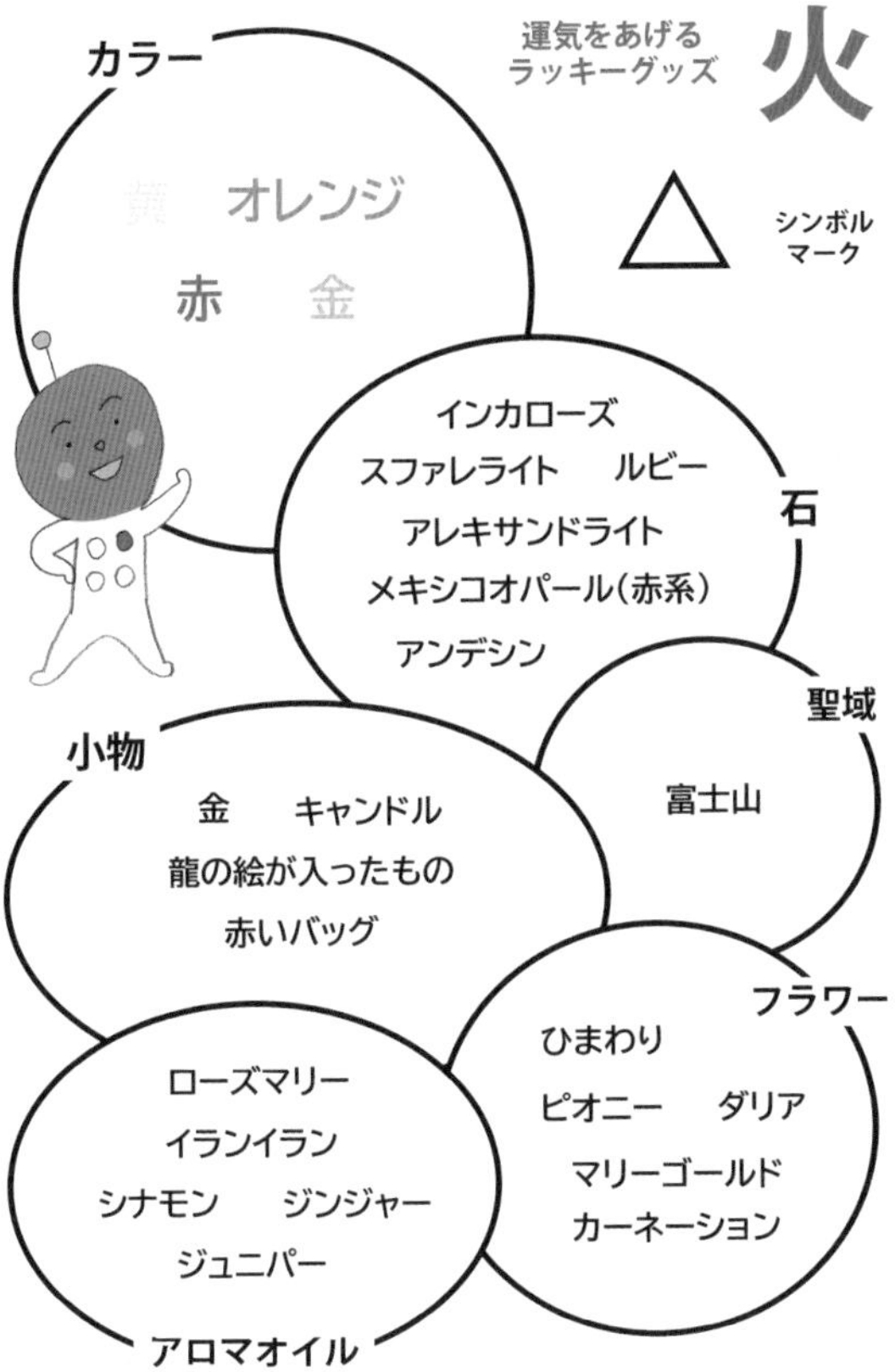

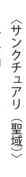

3　風のエレメント人の運気を上げるラッキーグッズ

〈シンボル〉

上向の三角の下にライン

〈ラッキーカラー〉

パステル風の色・黄色・スカイブルー

〈石〉

宇宙ペリドット（隕石）・ステラエスペランサ

〈アロマオイル〉

ラベンダー・レモングラス・スターアニス・ペパーミント・カモミール

〈お花〉

タンポポ・すずらん・ユーカリ・イモーテル・パンパスグラス

〈小物〉

鈴・フェザー・インセンス（お香）・ペガサスの絵が入ったもの・裾がひらひらしたワンピース

〈サンクチュアリ（聖域）〉

草原

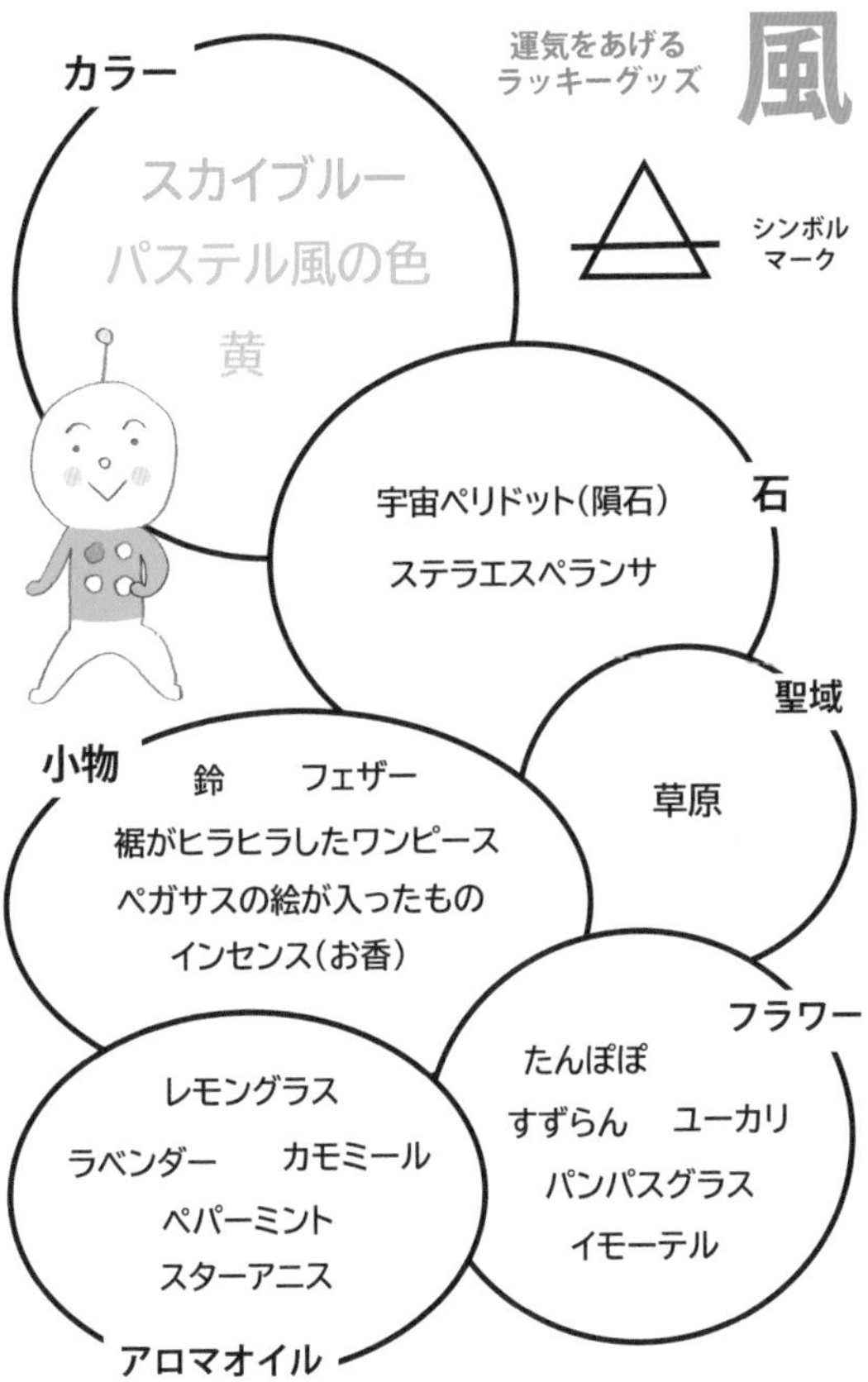
運気をあげる
ラッキーグッズ
風
シンボル
マーク
カラー
スカイブルー
パステル風の色
黄
石
宇宙ペリドット（隕石）
ステラエスペランサ
聖域
草原
小物
鈴　フェザー
裾がヒラヒラしたワンピース
ペガサスの絵が入ったもの
インセンス（お香）
フラワー
たんぽぽ
すずらん　ユーカリ
パンパスグラス
イモーテル
アロマオイル
レモングラス
ラベンダー　カモミール
ペパーミント
スターアニス

4　水のエレメント人の運気を上げるラッキーグッズ

〈シンボル〉

　下向きの三角

〈ラッキーカラー〉

　銀・藍色・青・紫・緑

〈石〉

アクアマリン・エチオピアオパール・パール・ロイヤルブルームーンストン・カイヤナイト・パライバトルマリン

〈アロマオイル〉

　レモン・ローズ・・サンダルウッド・ゼラニウム・タイム

〈お花〉

　ハイビスカス・アヤメ・ユリ・ロータス・バラ

〈小物〉

　銀・カップ・人魚の絵が入ったものや置き物・青色のベッドリネン

〈サンクチュアリ（聖域）〉

水辺

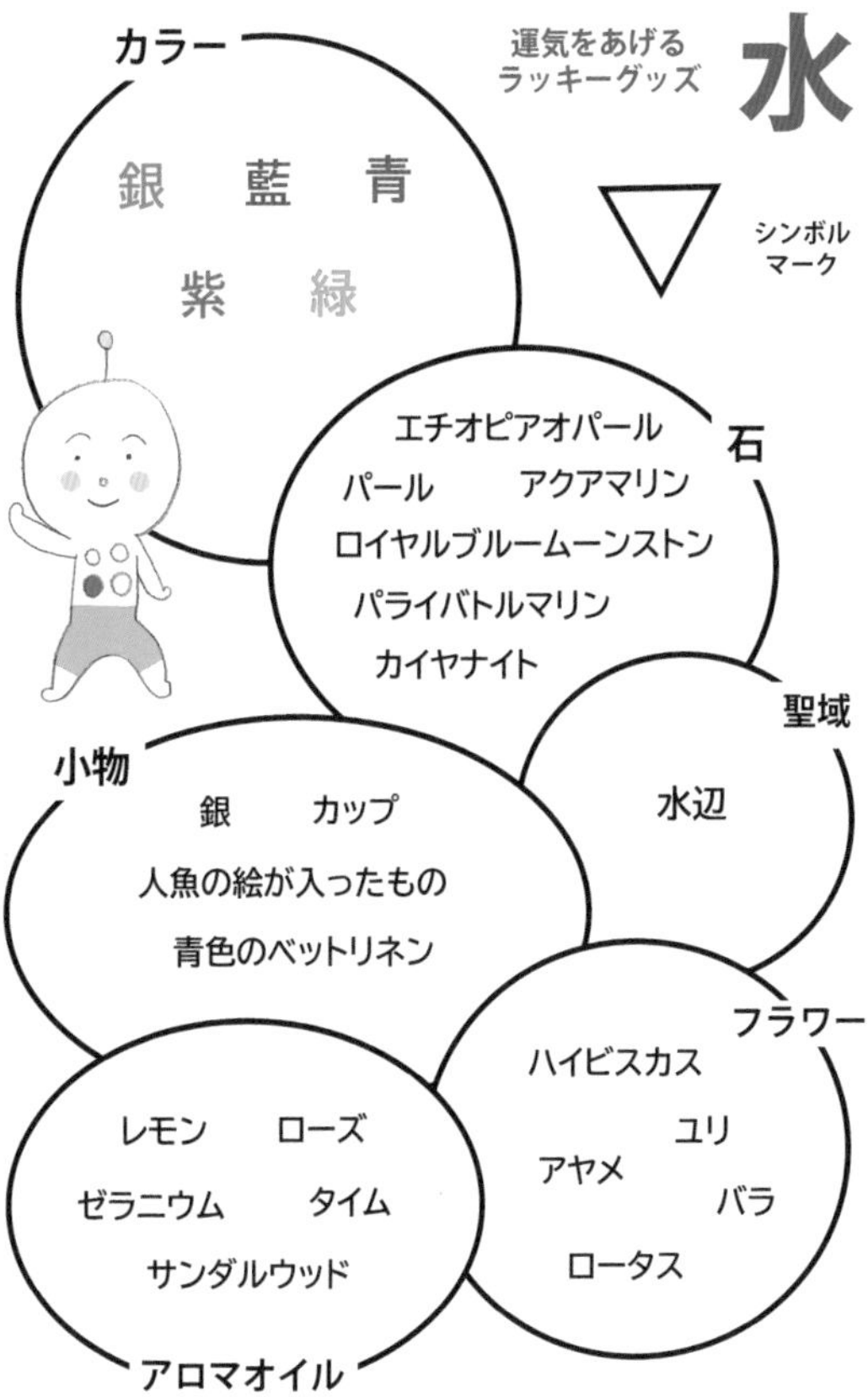
運気をあげる
ラッキーグッズ
水
カラー
銀　藍　青
紫　緑
シンボル
マーク
石
エチオピアオパール
パール　アクアマリン
ロイヤルブルームーンストン
パライバトルマリン
カイヤナイト
聖域
水辺
小物
銀　カップ
人魚の絵が入ったもの
青色のベットリネン
フラワー
ハイビスカス
ユリ
アヤメ
バラ
ロータス
レモン　ローズ
ゼラニウム　タイム
サンダルウッド
アロマオイル

5　土のエレメント人の運気を上げるラッキーグッズ

〈シンボル〉

下向きの三角に上にライン

〈ラッキーカラー〉

黒・茶色・深緑

〈石〉

ブラックオパール・ペリドット・翡翠・スフェーン・アイドクレース・イエローサファイア

〈アロマオイル〉

フランキンセンス・パチュリ・ミルラ・サンダルウッド・カルダモン

〈お花〉

サクラソウ・ハニーサックル・コットン

〈小物〉

天然磁石・ノーム（妖精）の絵が入ったものや置き物・コイン・岩塩

〈サンクチュアリ〉

山

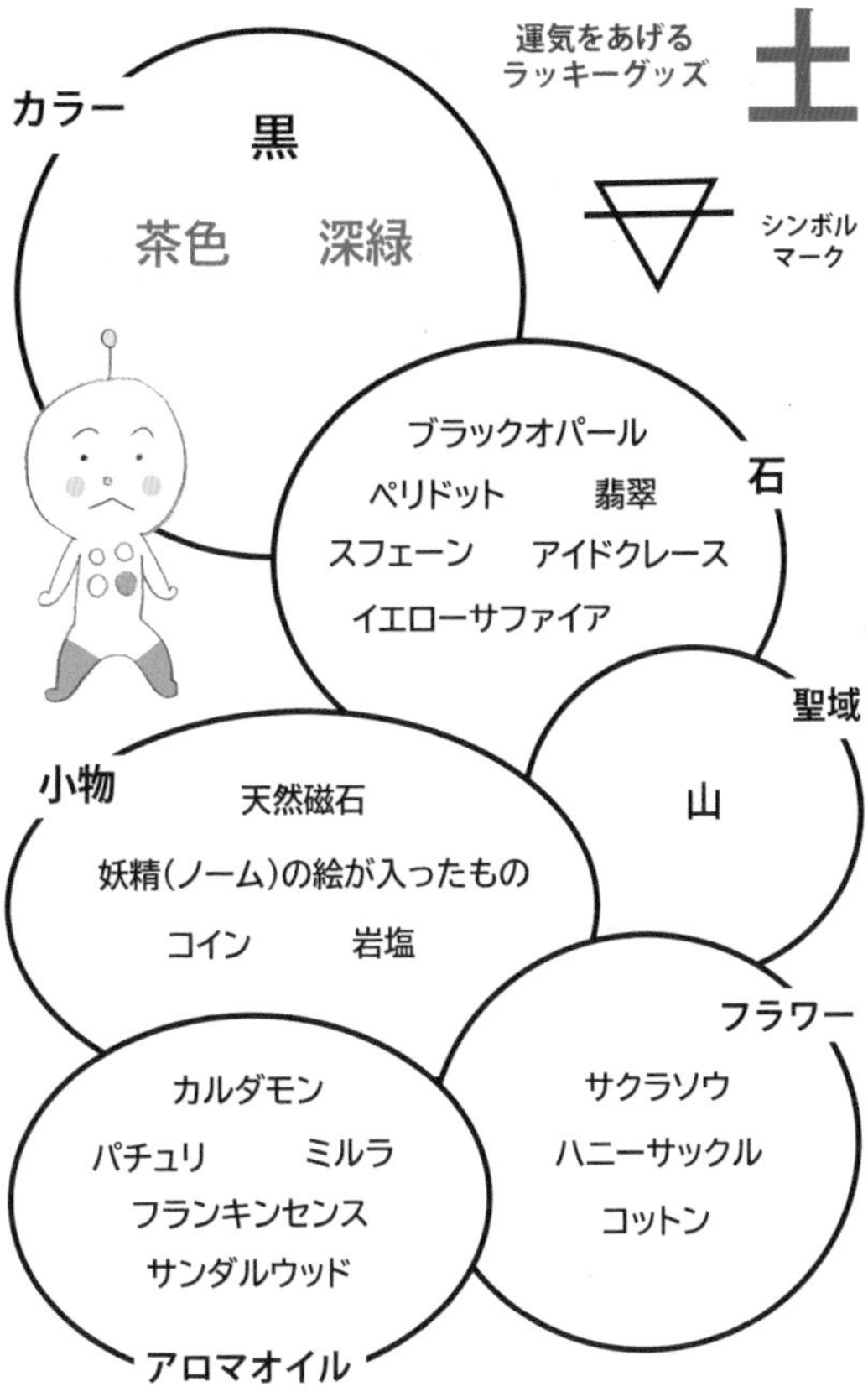
運気をあげる
ラッキーグッズ
土
シンボル
マーク
カラー
黒
茶色　深緑
石
ブラックオパール
ペリドット　翡翠
スフェーン　アイドクレース
イエローサファイア
聖域
山
小物
天然磁石
妖精（ノーム）の絵が入ったもの
コイン　岩塩
フラワー
サクラソウ
ハニーサックル
コットン
カルダモン
パチュリ　ミルラ
フランキンセンス
サンダルウッド
アロマオイル

魔法のシート＊4

あなたのエネルギーをあげる
ラッキーグッズで
気になるものは？

第5章

四大元素の力を呼び覚ます宝石の力

1　自分に合った宝石の見つけ方

わたしは２０１５年に「宝石界のレジェンド」と呼ばれる岡本憲将氏と出会い、自分のエネルギー（波動）に合った宝石を引き合わせる「ジュエリーエネルギーアドバイザー」になりました。

これまで、ジュエリーエネルギーアドバイザーによって自分にぴったりな宝石と出会った人たちがみるみると輝き、人生が好転していくのを見ていると、宝石にはとてつもない神秘的な力が宿っているのだとわかります。

「宝石」と聞いてどのようなイメージを持たれていますか？　美しく、高価で特別な場所に身につけていく印象が強いかもしれませんね。

宝石は本来、４つの価値があると言われています。「装飾品」、「美しさ」、「財産性」、そして「エネルギー」です。四大元素は物質の中に含まれているエネルギーなので、もちろん宝石の中にも入っています。

近年では、パワーストーンのブームもあり、「石には特別な力がある」と、聞いたことがある方も多いでしょう。でも、多くの人たちは、目に見えないエネルギーを怪しいとか迷信のようなものにすぎないと思っているのではないでしょうか？

目に見えないものをどのように理解したらいいのかわからない気持ち、すごく共感します。何を隠そう、以前のわたしも同じだったからです。そんなわたしが初めてエネルギーを体感したのが宝石でした。宝石は地球上の物質の中で光の含有量をいちばん多く含んでいると言われています。

宝石は数千万年から数十億年という長い歳月をかけて、地中で育まれた石です。宝石のエネルギーは、地中にある段階ではまだ本来の力は発揮されていないものがほとんどです。多くの原石は掘り出されて、研磨されることで光の反射率が高まり、大きな力を放つのです。

宝石たちは、わたしたちの心や体や魂を癒したり、運気を高め、可能性を開いたり、人生を豊かにする様々なエネルギーを持っています。では、なぜこのようなエネルギーがあるのでしょうか？　目に見えないエネルギーを科学の観点から簡単にご説明しましょう。

地球上にある、気体・液体・固体・植物・動物・鉱物など、すべての存在は、原子の組み合わせによって誕生していると言われています。もちろん、わたしたちの体や鉱物である宝石も例外ではありません。

現在の科学では、１１８個の原子が確認されています。原子はすべて、それぞれ固有のエネルギー（波動）を持っていて、量子力学ではこの世界のすべては波動でできているとされています。

量子力学や波動という言葉を難しく感じる人もいらっしゃるかもしれませんが、とってもシンプルです。

例えば、わたしたちが毎日のように使っている携帯電話は、電波という波動を持っています。電話番号が１つでも違うと、電話は違う人につながってしまいますよね。１つひとつの番号に違った波動があるからこそ、正しい番号とつながることができます。

わたしたち人間や宝石もこれと全く同じです。見た目は石や人間ですが、1つひとつ、1人ひとり、違った波動を持っています。だから、自分と宝石の波動が共鳴したとき、波動のレベルでさまざまな変化が起こるのです。

わたしたちの心や体が不調なときは、暗いイメージがありますよね。このようなときは波動が下がっているときだとすると、相性のよい宝石は下がった波動に光を照らし、持つ人の波動を引き上げて、心も体も元気にしてくれます。

でも、ここで大切なのは、宝石を選ぶときに「自分の波動と共鳴する相性がよい宝石を持つ」ということです。波動が合わない宝石は、電話番号を間違えているのと同じことですので、心や体、魂への働きも期待できません。また、同じ名前を持つ宝石でも波動は1つひとつ違います。たとえばハートを開くにはインカローズが効果的だからといって、すべてのインカローズがあなたに合っているわけではありません。

インカローズの中でもあなたのエネルギー、波動に共鳴するものを選ばなければ、宝石の力を活用することはできないのです。では、どのようにしたら自分に合った宝石だとわかるのでしょうか？

その方法は、実はとてもシンプル。あなたに合ったエネルギーの宝石は、左手に乗せるとピリピリ感や温かさを感じるのです。

肩の力を抜いて、まるでお風呂に入っているかのようにリラックスした気持ちで、宝石を左手に乗せてみてください。相性のよい宝石からは何か感じるものがあったりします。人によって感じ方は様々ですが、相性が合っていないものを載せたときは、冷たかったり、何も感じなかったりします。

自分ではエネルギーの違いがわからない人や、波動に合った宝石と出会いたい人は、わたしのようなジュエリーエネルギーアドバイザーがあなたに合った宝石を引き合わせる、宝石フィッティングを受けるのもおすすめです。

2　現実化にはエネルギーを先に動かす！

わたしはこれまで、１５００人ほどのセッションや宝石フィッティングをしてきました。

次の章で紹介する天性診断を使ったセッションや宝石フィッティングは、その方の人生に大きな変容を導く力を秘めています。

自分の本質がわかる天性診断では、あなたがつくられている四大元素の材料を知ることで、足りないものや過多となった四大元素のエネルギーバランスを整えられます。

また宝石フィッティングでは、あなたの波動と相性がよい宝石を持つことで共振が起こり、高く新しい高波動のエネルギーをつくり出すことになります。現実化にはエネルギーが先に動き、現実は後からやってくる法則がありますので、四大元素の手順もとり入れながら、現実化を楽しんでくださいね。

では、いよいよ四大元素のエネルギーを引き上げる宝石たちをご紹介していきます。

あなたが情熱を持ちながら、思考がクリアな状態で、計画性を持って行動したとき、四大元素の力が大いに働きます。

3 情熱を目覚めさせる「太陽の力」を持つ火の宝石

わたしはよく「情熱的ですね！」と、言われます。火のエレメントを持っているから熱苦しく見えるのかもしれませんが（笑）、情熱は誰にでもあると思っています。でも、心や体の不調や自己肯定感が低くなっているときは、熱い思いを持つことや自分にそのようなエネルギーがあることさえ気づかないものですが、情熱は行動を促す原動力であるかのようにパワフルです！

・何のためにそれをやるのか？
・どのような人になるのか？
・どこに向かっていきたいのか？

これらすべての答えは既に自分の中にあるケースが多いですが、ほとんどの人たちは気づくことができません。そんなときにお役に立つのが情熱を目覚めさせる宝石たちです。

どのような宝石が自らの内側にある炎に着火してくれるのでしょうか？

〈オレゴンサンストーン〉

オレゴンサンストーンは、その名の通りアメリカ・オレゴン州で産出するサンストーンの一種で、太陽のエネルギーと月のエネルギーを同時に持っている宝石です。陰陽のどちらも有しているので、よい・悪いという白黒をつけてしまいがちな感情も、陰陽の因果から自由に解放される、そんなエネルギーを秘めています。ありのままの自分を受け入れ、本来の輝きを取り戻した自らに光が入ることで、自分自身の太陽が輝くのを許していきます。

相性のよい石

ロイヤルブルームーンストーン

主な産地

アメリカ

〈アレキサンドライト〉

アレキサンドライトは１８３０年、ロシアのウラル地方の鉱山でエメラルドの採掘をしていた鉱夫たちにより発見された宝石です。

太陽光のもとではグリーン、白熱灯やロウソクの明かりのもとでは赤く輝くとても不思議な性質を持っています。その光はまるでエメラルドとルビーを同時に持ったようなもの。美しさと、稀少価値の高さから、宝石の王様と呼ばれるアレキサンドライトは、自分でさえも気づいていない才能に光を照らし、勇気と力を発揮するよう導いていきます。

相性のよい石

アレキサンドライトキャッツアイ・カラーチェンジガーネット・ブラックオパール・キャッツアイ

主な産地

ブラジル・スリランカ・マダガスカル・タンザニア

〈アンデシン〉

アンデシンという名前は、アンデス山脈一帯で盛んに産出されたことから名づけられ、古くからお守りとして珍重されていた宝石です。

わたしも大好きな宝石の1つですが、とてもポジティブな効果を発揮してくれる宝石なので、落ち込みやすい人、ネガティブ思考にはまりやすい方には特におすすめです。気持ちが落ち込んでいると、何か起きたときにどうしてもネガティブに考えてしまいやすくなります。このパターンが習慣となっていて、情熱が湧き出てこないという人にはアンデシンはおすすめです。

相性のよい石

ロイヤルブルームーンストーン

主な産地

マダガスカル・アメリカ・チリ

〈オレンジサファイア〉

見るだけで元気を与えてくれるような明るい色合いのオレンジサファイアは、その見た目の通り、心にも体にもエネルギーをチャージしてくれる宝石です。スリランカ、マダガスカル、タンザニアなどから発掘されますが、宝石療法としても大活躍の宝石の１つです。

特に血の巡りを促して、冷え性も改善してくれるほか、免疫力を高めて、体の様々な不調に働きかけてくれます。体が不調なとき、前向きになれず情熱どころではなくなります。まずは、体を整えるのも大切です。

相性のよい石

アレキサンドライトキャッツアイ・キャッツアイ・イエローサファイア・パライバトルマリン

主な産地

スリランカ・マダガスカル・タンザニア

〈ルビー〉

4大宝石にも名を連ねるレッドカラーの最高峰と称されるルビー。情熱を高めるエネルギーが非常に強く、落ち込んだとき、やる気が出ないときには、気持ちの明るさ、がんばる気力を湧き起こしてくれる力を持っています。

情熱を高め、血流を促すエネルギーが非常に強いので、低体温でやる気が出なかったり、気が落ちたりしているときに力を貸してくれる、頼もしい宝石です。

相性のよい石

スタールビー・パパラチアサファイア・ピンクサファイア

主な産地

スリランカ・インド・ベトナム・ビルマ

4
思考を整理整頓し「頭をクリア」に導く風の宝石

風の時代となってから、ますますＩＴが盛んになっています。もはや、一家に1台はＰＣがあり、スマホは誰しもが持っています。知りたいことやわからないことがあれば、すぐに検索できる時代です。

いつでもどこでも情報がどんどんと入ってくる、すごい時代となっています。情報があると便利ですが、比較や迷いも生じやすくなったりもします。

そしていつも頭でグルグルと思考を巡らせ、おしゃべりマインドが止まらない状態になっている人も多いと思います。

おしゃべりマインドはほとんどがネガティブな話をしてくるのが特徴です。

気がつかないでおしゃべりにつきあっていると、あっという間に頭がいっぱいいっぱいとなってしまいます。

このような状態ではクリエイティブになれず、よい判断ができなくなってしまいます。

頭がクリアになりスッキリと爽快感を導く宝石をみていきましょう！

〈グリーンガーネット〉

多くの日本人が日々のストレスやプレッシャーから、うつ病など心の病に侵されています。

なんだか気分が晴れない、精神的にモヤモヤとしてスッキリしない毎日を過ごしている人も多いのではないでしょうか。そんなときはネガティブな思考がぐるぐるとなり、気分が重くなってしまいます。

グリーンガーネットを手にすると、頭がクリアになり心が軽くなる感じがします。ネガティブな思考に光が入ることで、ストレスがリリースされてきます。

相性のよい石

カラーチェンジガーネット・ロードライトガーネット

主な産地

ケニア・タンザニア

〈グリーントルマリン〉

和名では「電気石」と呼ばれるトルマリン。地球上の鉱物の中で、自ら電気を帯びるのは、唯一トルマリンだけです。電気を帯びたトルマリンのマイナス極からはマイナスイオンが発生することがわかり、これを用いて様々な癒しのグッズがつくられるようになっています。

トルマリンが結晶内でプラスとマイナスの電気分極を起こすことを科学的に証明されたのは1880年。

証明したのはラジウムを発見したことで世界の科学史に名を残すキュリー夫人の夫、ピエール・キュリーです。

トルマリンは赤、ピンク、オレンジ、青、緑、黄、紫などバリエーションに富んでいますが、特にグリーントルマリンは、第2の脳ともいわれる腸の働きをサポートします。

腸が整うことで、同時に脳のストレスも軽減されてきます。

相性のよい石

各種トルマリン・パライバトルマリン・ルベライト

主な産地

ケニア・タンザニア・ブラジル・スリランカ・マダガスカル

〈エメラルド〉

エメラルドが宝石として使われ始めたのは、紀元前２０００年とも３０００年とも言われています。絶世の美女と謳われたエジプトの女王クレオパトラも、エメラルドに魅了された１人です。

アレキサンダー大王も遠征へと出陣する際、必ず大粒のエメラルドを持っていたと言われています。そして、戦いに勝利する度に、勝利のシンボルとしてエメラルドに感謝を捧げていたのです。

海の深さより深いグリーンの神秘的な色合いと輝きは、信仰の対象として結びついてきた歴史的な側面があります。

気品高きエメラルドの光は目から入り、目の疲れや頭痛に働きかけるほか、心身への効果効能がとても豊富な宝石の１つです。

相性のよい石

ルビー・グリーンガーネット・ブラックオパール

主な産地

コロンビア・ザンビア・ブラジル

〈パライバトルマリン〉

パライバトルマリンの魅惑的なネオンブルーの輝きは多くの人をひきつけますが、その役割はなんといっても、マイナスのエネルギーを取り除き、ブロックすることです。

他者からの妬みや恨みといった感情によって、自分のエネルギーを妨げられていることで、自らの力を発揮できなくなっている状態や、原因不明の心身の不調に対して効果が見込まれます。

パライバトルマリンは、身に着けることでマイナスのエネルギーをブロックしてくれますので、エネルギーに敏感な人には大きな助けとなります。

相性のよい石

各種トルマリン・インペリアルトパーズ・ステラエスペランサ

主な産地

ブラジル・モザンピーク

〈パラサイトペリドット〉

宇宙から地球に落下した隕石の中から発見された、大変稀少な宝石パラサイト・ペリドット。ほとんどは非常に小さな結晶ですが、地球産のペリドットとは違った、特別な力を秘めています。

パラサイト・ペリドットは、地球上で人類が積み重ねてきた様々なカルマを癒してくれます。

カルマにより繰り返してしまうパターンや習慣は、前に進もうとしてもバネのように引き戻す力を持っています。

このようなとき、パラサイト・ペリドットは引き戻しのバネを瞬時に地球外へ飛ばし、爽快さをもたらします。

相性のよい石

グリーンガーネット・アクアマリン

主な産地

隕石由来の為、産地ではなく隕石が発見された場所

5
計画を立てて「準備をする」水の力を持つ宝石

もしあなたがうっかりミスや忘れ物が多いとしたら、また、いつも不安で心配な気持ちで前に進めずに立ち止まっていたとしたら、これらの宝石たちがサポートしてくれるでしょう。ここでもう一度、魔法の手順を思い出してください。

【魔法の手順】

①火を使って、直観やアイディアをキャッチする。
⇩
②風を使って、直観やアイディアをブラッシュアップさせるために、リサーチする。
⇩
③水を使って、リサーチしたことを取り入れながら、現実に向かって計画し準備する。
⇩
④土を使って、繰り返し行動する。

ここで紹介する宝石たちは、現実に向かって計画し、準備するのをサポートします。

私たちは簡単にリサーチできる環境にありますが、インプットするだけでアウトプットすることは多くありません。

だから、頭がぐるぐるになってしまうのですが、とにかくその情報が現実化に向かうようにするための準備が必要です。

なかなか前に進めない人は、できない理由を語るのではなく、どうしたらできるのかを考えてやってみましょう！

〈パール〉

真珠と人の歴史は古く、紀元前3000年のエジプトではすでに知られていたといいます。

クレオパトラは世界で一番大きな真珠を2つ持っていたとされ、そのうちの1つを、富の象徴として酢に溶かして飲みほしたという話は有名です。

日本では冠婚葬祭の場面で身につける特別な宝石として知られています。気品にあふれ、美しいですが、非常に芯の強いエネルギーを秘めています。

強さは同時に真の優しさも持ち合わせていることから、前に進むときに勇気と力を与えてくれる宝石です。

相性のよい石

ロイヤルブルームーンストーン・エチオピアオパール・ダイヤモンド

主な産地

日本

〈アクアマリン〉

美しく吸い込まれるような海の色を持つアクアマリンは、世界中の人たちに愛され、その精神を癒してきました。

古代ローマでは、月の女神ディアナの守護石とされ、不慮の事故や災害から守ってくれる、月光のパワーを宿した石だとも言われており、旅行のお守りとして語り継がれています。

また、〝月の光を受けて輝く〟という幻想的な特性を持つ宝石であるため、別名「人魚石」とも呼ばれることがあるそうです。
その美しさは、フランス王妃マリーアントワネットがダイヤとともに愛してやまなかった宝石であると伝えられているほどです。
アクアマリンはイライラしている精神を落ち着かせるばかりでなく、不眠症や寝つきもよくします。眠りが浅く寝つきが悪い人は、手に持って寝ると、健やかな睡眠とスッキリした目覚めの朝を迎えられるはずです。

相性のよい石

サンタマリアアクアマリン・マンダリンガーネット・ロイヤルブルームーンストーン

主な産地

ブラジル・モザンビーク・インド・パキスタン・パキスタン・ケニア

〈ロイヤルブルームーンストーン〉

私たちのほとんどが何かしらの恐れを持っています。その恐れはなんでもないときに、ふと悲しさや寂しさとして感じることがあります。いざ前に進もうと思っても不安がよぎったり、できていない自分を責めて落ち込むようになったりします。

ロイヤルブルームーンストーンは、精神の安定、心を癒してくれるのに大変効果的な宝石です。毎日忙しく心が休まることがない人、いつもイライラしてしまいがちな人、ストレスがたまりやすい人、また、新月や満月のとき、月のエネルギーを敏感に感じやすい人など…。

ロイヤルブルームーンストーンの優しいエネルギーは、そんな人々の心を優しく包んで癒してくれます。

相性のよい石

アンデシン

主な産地

インド

〈カイヤナイト〉

いつも悩んで考えてばかりで頭の中がパンパンの状態のとき、わたしたちは焦ったり慌てたりして行動しがちです。

このようなときはコミュニケーションも雑になり、自分の目指している方向とは逆走してしまうことになります。

目の前に起こる出来事は、自分の内側の結果と言われますが、頭がパンパンな状態では精神が落ち着いていないので、内観も難しくなります。

カイヤナイトは、イライラし、焦った気持ちを静めて、心を落ち着かせてくれるほか、瞑想状態に誘うのを助けてくれる宝石です。

お釈迦様が悟りを開いたインドの地の近郊でも産出されていることから、地中に眠っていたカイヤナイトが、大地からもよい影響を与えたのかもしれません。

潜在能力や直観力を高めるので、もっと仕事で本来の実力を発揮したい方や、素早く的確な判断力を求めるとき、力をかしてくれるでしょう。

相性のよい石

パール・ステラエスペランサ・ロイヤルブルームーンストーン

主な産地

インド・ネパール

〈タンザナイト〉

人生のあらゆる面で運気を高めてくれるタンザナイトは、運気が停滞していると感じている人にぜひおすすめしたい宝石です。

やってみたいことがあるのに、なかなか前に進めないときや、自分の能力を発揮できていないと感じたとき、タンザナイトは昇龍のようなエネルギーで停滞感から引き上げてくれます。

龍の持つエネルギーが新しい情報や出会いを引き合わせてくるので、新しい出会いやお仕事に結びつき、結果、運が開いてくるのです。

タンザナイトを持ってから人生が好転している人たちを見るたびに、その力の凄さを感じています！

相性のよい石

エチオピアオパール・アウイナイト

主な産地

タンザニア

6

地に足をつけ「基盤構築の力」を手に入れる
土の宝石

火のエレメントが強い人は基盤構築が苦手です。また、土のエレメントが強い人の多くは、全体像がわかってないと行動することができません。

一方、風のエレメントが強い人はリサーチしては考え、またリサーチしては考えてを繰り返し、いつも頭の中だけで計画をイメージして行動までたどり着けません。

そして水のエレメントが強い人は、未来に不安があったり、計画だけで行動までできない人がほとんどです。どのタイプの人たちも基盤構築を目指すなら、繰り返し同じ行動をして地固めをする必要があります。そんな縁の下の力持ち的な存在の宝石をみていきましょう。

〈スフェーン〉

７月の誕生石はルビーが有名ですが、２０２１年にスフェーンが誕生石に加わりました。

スフェーンという名前は、ギリシア語でくさびを表す「SPHENOS（スフェノス）」に由来していると伝えられていますが、くさびとは２つのものを固く繋ぎ合わせるものです。
スフェーンは固く繋がれたエネルギーを解放する力を持っています。そのため、わたしたちと固く結ばれている魂に働き、繰り返すカルマのパターンのほか、魂の浄化や悪因の解除などを得意とします。やる気がないわけではないのに、原因不明の不調や慢性的な不調があるとき、スフェーンを持つことで解決していくことが多々あります。

相性のよい石

ピンクゾイサイト・アフガナイト・グリーンサファイア

主な産地

ブラジル・マダガスカル

〈アイドクレース〉

人間関係の不調和に悩んでいるときは、何をやっても手がつかず、行動するのが嫌になってしまいます。わたしたちの世界では、行動をしないと現実が動きません。やりたいことがあるのに行動ができないのは致命的ですよね。

そんなとき、自分と自分の周りにあるすべてのものと調和し、安らぎをもたらすのがアイドクレースです。調和の石だけあって、数種類の石を組み合わせたときに、最後にアイドクレースと足すと、ただエネルギーを高めるだけでなく、さらにエネルギーを広げてくれます。どんな相手も受け入れて、そのよいところを引き出し、互いに調和させるアイドクレースは、人間がお手本にしたいようなエネルギーを持ち合わせています。

相性のよい石

すべての宝石

主な産地

ケニア

〈ブラックオパール〉

虹のような7色からなる神秘的なブラックオパールは、とてもエネルギーの強い石ですが、持つ人と石の相性がとても重要な石で、相性の合わない石を持ってもあまり効果は望めません。

自分の波動にぴったりなブラックオパールと出会ったとき、その人が進むべきステージや新たな可能性を発揮できる場へと、シフトチェンジしてくれます。

仕事運を高め、現実化を促すパワフルな石なので、自分が「これだ！」と感じる石に出会えたときには、多少無理をしてでも持たれることをおすすめします。

でも、合う石が見つからない人は、焦らず、ピッタリのものに出会えるのを待ってくださいね！

相性のよい石

ルビー・エメラルド・ダイヤモンド・アレキサンドライト

主な産地

オーストラリア

〈ペリドット〉

ペリドットは、古代エジプト時代から愛された色石で、かのクレオパトラもペリドットを好んでいたと言われています。紀元前2世紀に栄えたエジプトのプトレマイオス朝における歴代の王たちは、好んでペリドットを王冠に配していました。

美しいオリーブグリーンに輝くペリドットは、古代から多くの人々を魅了してきました。この石は、見ているだけで清々しく、深い安らぎに導いてくれますが、最大のエネルギーの特徴は調和と平和です。先人たちは、無意識のうちにそのエネルギーを感じ取っていたのかもしれませんね。

ペリドットはついネガティブに考えてしまうマインドを癒します。また、他者と比較して自信をなくし、自己肯定力が低い人にそっと寄り添いヒーリングしてくれる、地球のヒーラーなのです。

植物や動物、地球が大好きな人はきっとペリドットも好きになるでしょう。

相性のよい石

スフェーン・ピンクスピネル・ピンクゾイサイト・UVガーネット

主な産地

ビルマ・スリランカ・ブラジル・ケニア

〈イエローダイヤモンド〉

マイナスを受けやすいと思っている人のところには、本当にマイナスのエネルギーがやってきます。これは、卵が先かニワトリが先かの話にもなってしまうのですが…、自分の思いはあなたが認識している以上に強く働きます。

この思いをマインドとも言いますが、マインドをコントロールするのは本当に難しいものです。自分を変えるって、大変なのですよね。でも、宝石たちはそんなあなたの役に立ちたいと願っているので、大いに活用してあげてほしいと思います。

イエローダイヤモンドは鋭くシャープな輝きで、マイナスのエネルギーを跳ね返し、マイナスのエネルギーにバリアをはります。特に体を癒す宝石たちと相性がいいので、合わせて持つことでヒーリング効果が高まります。

相性のよい石

グリーンガーネット、デマントイドガーネット、スペッサータイトガーネット、ロードライトガーネット、エメラルド、ルビー、ブラックオパール、ヒスイなど、多数

主な産地
インド・ブラジル・南アフリカ

7　宝石のエネルギーを最大限に受け取るポイント

四大元素の力を呼び覚ます宝石の力を最大限に得るには、自分の波動にあった宝石でなければなりません。先ほども少し触れたように、それは、とてもシンプルな方法でわかります。

まずは左の手のひらの宝石を乗せてみてください。左手から入った宝石のエネルギーと自分の波動があったとき、共振が起こり、感覚として伝わってきます。

感覚は人それぞれですが、ビビッときたりじんわりと温かく感じたり、金粉が出たり、視界が明るくなったり、本当に人によってさまざまです。時々、感覚がわからないという人がいますが、その人が悪いわけではないので安心してください。

でも、宝石にエネルギーがあることを頭から疑ったり、感じようとする気持ちを自ら遮断したりしている場合は、感情をOFFにしてしまっているので、感じることが難しくなります。

また、宝石を持ちながら首を傾げている人がいますが、これは「考えてしまっている」状態です。

四大元素も宝石も、目に見えないエネルギーですが、私たちの世界ではエネルギーが先で、後から現実がやってくる原理原則が働いているので、チャンスがあれば、ぜひ宝石のエネルギーも感じてみて、人生に取り入れてみてはいかがでしょう。

そして、いよいよ次は運命の本質がわかる「天性診断」をご紹介します。天性診断は胎内記憶の第一人者、池川明先生からご推薦のお言葉をいただきましたが、人を助ける素晴らしい診断法だとお墨付きをいただいてます。
本質がわかると自分の恐れにも気づきやすくなるので、人生がガラリと変容します。

コラム　集団行動＝不自由さからの解放

ーOさん　パーソナルトレーナー　50代【本質・風】

わたしは集団が苦手で個人主義。これで35年以上も生きているので、当たり前過ぎて、何が恐れなのかもわかりませんが、コミュニティーの輪に入っていけませんでした。

2歩も3歩も引いている。個人で動くことが好き！　合わない人と行動するくらいなら1人がいいので、個人プレーを貫いてきた気がします。

人と関わるときに、どの程度深く関わっていいかわからず、距離感で何度も失敗してきている。結局は単独行動に落ち着いている部分がある。自分の自由すぎる発想など人に理解してもらえないだろうと感じているため、理解してもらおうとも思わない。

フリーランスとして仕事をして35年。ビジネスパートナーを持とうとしたこともあったが、失敗したことで、やはり人と組まず、個人でなんでもやってしまう傾向がありました。

人を頼るとうまくいかない、自分しか信じられないと言う深い思い込みもある。

今までは当たり前に、集団より1人を選んできたので、The Flowerを受講するまでは、心を許せる友だちはほぼいなかった。〝集団行動＝不自由〟と、思っていたのかもしれません。

第6章

運命の本質がわかる「天性診断」とは

1　天性診断とは何か

天性診断は本質への気づきを導く診断法

先ほどから天性診断のことを書いてきましたが、天性診断とは、一般社団法人日本四大元素協会が提供している、本質への気づきを導く診断法です。

占いとの違いは、ただ言い当てるのではなく、自分の欲求が自分軸と繋がっていたことに自らが気づくことができるようにつくられていることです。

自ら気づくことはとてもパワフルです。気づきは腑に落ちる瞬間であり、この体験を通して手放しや解放が起きてしまうほどの力を持っているからです！

天性診断は、自分がつくられた材料と本質的な欲求がわかります。

すると、どうしてこれまで同じことを繰り返してしまっていたのか、また、自分が嫌だなと思っていた部分の根源と出会えるでしょう。

そして、必要以上に自分を責めたり、自己嫌悪に陥ったりしていた理由が、天性診断をすることで腑に落ちます。その瞬間、あなたの内側では解放が起き、自らの力を取り戻し始めるのです。

0歳児から影響が出ている

天性診断は主婦やＯＬ、サラリーマンや社長、会長など、若者から年代を重ねてきた方々まで活用してくださっています。

そんなみなさんに共通した悩みは人間関係です。

これまで天性診断は、数多くの親子関係や子育て、パートナーシップなど、幅広い人間関係を解決に導いてきました。

あるとき、子育て中の主婦が家族全員の天性診断を受けました。彼女のお子さんは0歳児でしたが、既に本質が出ている！　と驚いていました。

お母さんが子どもの本質を知っていると、その子の言動が理解できます。長所も短所も全てを材料にして子育てができるのと、そうでないのとでは、天地がひっくり返るほど違いがあります。

また、パートナーシップで悩んでいた女性は、相手の材料を知ることで、自分と相手は違う存在だと腑に落とすことができました。

これまで、自分の気持ちを察してもらえず寂しいと思っていたことが、相手には察するという感覚を捉える材料がまるでないことがわかりました。

そして、察してもらいたいときには、相手が理解しやすいように言葉に出してお願いするなど、関わり方を変えていったのです。結果、2人の間にはよい関係性が築けるようになりました。

会社の社長や会長といった立場の方々も、天性診断を活用してくださっています。

立場が上になればなるほど部下に弱音を吐けず、内面は孤独だと感じているケースが少なくありません。

立場は違っても同じ人間です。

世間では成功しているように見えても、自分のことはなかなか気づけないものです。

部下や奥様との関係性で悩んでいたことが、天性診断を受けたことで相手との間に生じたズレの原因がわかり、コミュニケーションがよくなったと、とても喜んでいただいております。

2　四大元素が読み解く本質

月は本質とリンクしている

本質は目には見えませんが、あなたの奥底にある得意技のようなエネルギーです。得意技だから、ものすごくパワフルなのです！

でも、ほんどの人がその力を使えていません。

使えていないから、不完全燃焼となり不満を感じているのです。

自分の内側でなんとなく力を感じていても、あなた自身がその力があることに気づかない、と使いこなすことができません。また、本当に使えていなければ、不一致感を感じて欲求不満となってしまうのです。

もし、この本質という力を知る方法があるとしたら、知りたくありませんか？

そして、ひとりでも多くの人が、自分の力に目覚めその力を発揮できたら、自分らしく輝く人が増えると思いませんか？　その力を知る方法が月にあるのです。

月には引力がある

月には引力があり、月の引力により地球の海水に満ち引きが起こります。それは海水だけではなく、からだの中の水分も影響されているのです！

そして、満月のときは満ちるエネルギーが強くなるので、からだの水分も膨張します。からだの水分が膨張すると、からだや気持ちが重くなってしまいますよね。

よく満月の日に体調を崩す人がいるのは、このような背景があるからなのです。そして、血液も水分に入りますが、満月には満ちるエネルギーが強まる特徴があるので、事故や出産が多くなってきます。

月の引力が本質を引き出す！

狼男というのは、ふだんは人間を装っていますが、本当は狼です（笑）。

狼男が満月の日に狼に戻ってしまうシーンを、映画やドラマで観たことがある方も多いと思いますが、これは月と本質を理解するのに、とってもわかりやすい例です。なぜなら、変身後の狼の姿こそが本当の姿であり、本質なのです！

だから、狼男は満月の日に狼に戻ってしまうのです。このように月の引力には、本質を引き出す、そんな力が秘められているのです。

欲求不満はズレの合図

天性診断で本質がわかると、自分の人生に活かせていなかった自分と出会えます。そして、人生を振り返ってみると、本質と行動にズレがあったことがよく理解できます。本当にやりたかったことを思い出したり、幼少期の体験がトラウマとなり恐れとなって行動できなくなっていたりと、昔の自分に気づく人もたくさんいます。

ある日、使命を探しに来たMさんが天性診断を受けにきました。

そんなMさんは、控えめに見えるけれど、力強さとカリスマ性を秘めています。また、ほかの人と同じことが嫌いで平凡はいや、という特徴を持っています。

そして、自分には特別な力があるようだと、なんとなく感じていました。

学生時代、本質通りに、ありのままの自分を出したとき、友人関係がうまくいきませんでした。

このときに苦い経験をしたことがトラウマとなり、本当の自分を出すと人間関係がうまくいかないと思い込み、本質を閉じ込めてしまったのです。

でも、天性診断ですっかり自分を取り戻したMさんは、その後、The Flowerに入って四大元素を学び、四大元素コーチとなりました。

講座中に歌を唄うのが大好きだった自分を思い出し、ボイストレーニングを受け、今では人前でイキイキと歌い、力強い本質を隠すことなく、個性的なライブを楽しんでいます。

Mさんのほかにも、四大元素を使って、自分や大切な人たちをよりよく理解できるようになったことで、人間関係や在り方そのものが変容し、人生が楽に楽しく過ごせるようになった方々がいますのでご紹介しましょう。

TYさん　ライフコーチ50代【本質・火】

火のエネルギーをストレートに発揮すると、理解し合いたい相手との関係が悪くなったり、左遷されたりと、自分の立場が悪くなる体験が幾度もありました。でも、朝がくれば出勤しなくてはならないし辛い日々でした。

特に、理不尽な出来事や言動に出くわすと、強烈な正義感がわき上がり「(あの人のために・組織のために)誰かが伝えなくては」と、上司・恩師・友人に対して、周囲の意見を代表して伝える立場を買って出たり、男性同士の殴り合いの喧嘩に、体当たりで分け入ったり……。

結果的には、自分がどれほど真剣に想いを伝えても、その後の状況がよくなることは少なく、虚しさいっぱいに終わることが多かったように思います。

そんな経験から「わたしが情熱や正義感を振りかざすと、人を傷つけるし、自分も悪者で終わるだけだ」「わたしの在り方が間違っていた」と結論づけ、火のエネルギーを抑えて生きるようになりました。

今でも「誰かの心情や立場を守りたい場面」に遭遇すると火のエネルギーが怒りや原動力となってわき上がるのを感じますが、数々の悲しい経験の後、負の方向には心動かされまいと強く意識をするようになりました。

まさに、過去の経験が「怖れ」となっているからにほかなりません。

3　体験談・天性診断で人生大逆転！

自分がつくられた材料を知ることで、本質や恐れに気づくことができます。気づきは「ああ、そうだったのか！」と、自らが腑に落ちた瞬間であり、手放しや解放が起こり、癒しにつながって行きます。

どんなことでも、自らが気づくことが大切です。大阪でセラピストをしているSさんは、これまで先が見えない不安に押しつぶされ、何も行動ができなくなっていました。

そんなとき、天性診断で自分がつくられた材料を知り、不安の原因がわかったことで、気持ちが軽くなり自分を取り戻したひとりです。

SMさん　カフェ経営60代【本質・土】

いつもいい子で完璧でないといけないない自分。

裏表のある人は大嫌い。

要領のよい人は信用できないetc……。
人にも完璧を求める。
どうすれば合理的に素早く物事が進んでいくのか？
そんなことばかり考えていました。
わたしはトップは苦手、縁の下の力持ちでいいんだって。
目立ちたくない、そっとしといてほしいと思いながら……
反面、違う自分がいたりもする。
頭ばかりで行動が伴わない。
これでいいのか？　間違いではないのか？　やっていけるのか？　信用できるのか？
何かやりたい自分がいて、スキルアップしても大丈夫なのか？
常に不安、不安、不安、先が見えなくて不安が恐怖に変わる。
勇気がない、怖い、ずっと行動を起こせないでいた自分。
起こしても、周りの言葉に惑わされ止まる。
要らぬプライドと恐怖が邪魔をする。

それは決断できてない自分なんだって、もっとしっかり、もっと強く。

それがストレスになって潰れていました。

本質を知ったとき……腑に落ちた。

不安だらけで当たり前。

完璧でないとダメと思っていたのも当たり前。

これを受け入れたとき、気持ちがとても軽くなり、楽になったんです。

The Flowerを受講し四大元素の使い方を意識したときに……とても動きやすくなっていたんです。

そして完璧でなくてもいい。動きながら築き上げればいいと……。
頭で理解していても受け入れてなかったことがたくさんあったことに気づきました。
今も土ってるってこともあったりですが……、
気づける自分また仲間たちがいることに感謝です。
（注）土ってるとは土が過多になった状態

本質と行動の不一致は欲求不満を生み出すばかりではなく、こだわりや執着となってしまいます。

そして、こだわり続けていると、それが苦しみの原因へと育っていきます。

夫との関係性でこだわりに気づいたMさんは、四大元素を使って新たなコミュニケーションを築けました。

結果、ご夫婦の関係性がとってもよくなり、お仕事もうまくいき、幸せな毎日を過ごせるようになったそうです。

そんなMさんが抱いていた、こだわりを見せてもらいましょう。

『MKさん　オンライン家庭教師　60代　【本質・水】

『家庭的、世話好き、安心できる家を快適にしたい！　自分の気持ちもわかってもらいたい！』というわたしの本質ですが、小さい頃のわたしの家庭では誰もがわたしのことを理解してくれていたので安心してのびのびと満足の日々を過ごし、これが当たり前だと思っていました。

ですが、結婚してからの家庭では、今までと違い、わたしが家庭への思いを話しても理解してもらえず、何度話しても否定されることで、話をすることが恐怖になってきていました。

結婚して新しい家庭を持ったときに、わたしの本質が強く出てきたんだと思います。

『家庭が大事、この思いをわかってもらいたい！』という、〝本質〟が強くなったことで、そこばかりにこだわり、執着し、それが自分の恐れに繋がっていたんだ！　と気づかされました。

〝本質〟が強くなると、こだわりと執着となり、それは恐れにつながる！

今回、改めて気づかされました』

仕事をしているといろんなタイプの人たちと共に働くことになります。自分が提案する企画がいつも却下され、嫌われているのではないかと、かなり落ち込んでしまった方が天性診断をうけにきました。

この方の本質の材料は水。

水の特徴は感情や気持ちが大切で、合理的で論理的な見方や関わり方が苦手です。

だから、提案のときも相手の気持ちを優先して、丁寧に進めていました。

しかし、きめ細やかに丁寧に関わっていても提案が通らず、ストレスを感じ、苦しんでいたのです。

そこで相手の言動から四大元素を当てはめてみたところ、どうやら風だとわかりました。

風のタイプに響きやすいように、データや結果、効果があった体験談などを多く取り入れ、風のタイプに合った提案法に変えてみたのです。

すると、これまで話の始まりしか聞いてもらえなかったのが、最後まで話を聞いてもらえ、さらに嘘のようにあっさりと企画が採用されてしまったのです！

まるで狐につままれたようだったと、目を白黒させながら語ってくれたのが印象的でした。

自分には向いていない仕事だと思いながら、働き続けるのもしんどいものです。そんなとき、その理由がわかるだけでも自分の状態は変化し、環境に対応できるようになっていくことができます。

『NKさん　食品メーカー勤務　50代【本質・水】

わたしの本質は水。わたしは雰囲気のキャッチが早く、不穏な空気をいち早く感じ、争いを回避させようと動きます。

喧嘩上等本音を言って仲を深めるというやり方の方もいらっしゃいますが正直苦手です。

前職場は品質管理部署なので、40人ほどの課でしたが喧嘩上等的な考え方の割合が多く、品質を守る！　という考えが行き過ぎていて、他者へのジャッジが厳しすぎる方が多かったので、罵声なども飛び交い、とても怖かったです。

今思うと標的になるのが怖かったんだと思います。

水だからなのか、白黒ハッキリしなくても全然気にならず、今思うと人の感情を第一に優先していました。

合わない仕事でした。

仕事では常に穏やかで安心できる環境を求めています。

職場は家にいるよりも長い時間を過ごしているので、職場での安心を求めています。

今も怖い思いをすることがありますが、乗り越えていきたいと思います』

天性診断で恐れがわかり、人生を大逆転してきた方々のお話から、あなたはどのようなことに気づきましたか？

みなさんに共通していたのは、資格や使命が人生を変容させたのではないことです。

すべては内側の状態に気づき、変化した結果、外側の現実が変化したのです！

でも、なかなか自分の内側を見るのは難しいものです。

そんなときの特効薬が自分の材料を知ることです。

そして、本質と出会い、自分の深い欲求から、今までどんなこだわりを持って生きてきたのか、観察することができるようになります。

そして、内側の世界へと入ることができるので試してみてくださいね。

魔法のシート＊5

あなたはどのようなこだわりを
持っていましたか？
気づきを記入してみましょう。

天性診断で使命に気づく！

ある日、頭の中に浮かんできた言葉があります。

それは「世界平和」。当時のわたしにとって、「世界平和」なんて言葉は全く意識してこなかったので、自分の内側からこの声が響いてきたときには、本当にビックリでした！

でも、四大元素で本質と出会ったとき、その謎めいた霧が一気に晴れたのです！

わたしは風の本質を持っています。

本質のベースとなるキーワードは博愛や革命。子育て中は毎日が心もからだも精一杯の生活でしたが、子育てが一息ついた頃から「世界平和」の言葉が浮かんできていたのです。

子育て中はまるで意識していなかったテーマだったので、「これ、本当に自分が願っていることなの？」と、自分を疑っていました。

でも、わたしの本質のキーワード「博愛や革命」と「世界平和」がリンクしていると気がついた瞬間、「世界平和」を望んでいた自分に気づいたのです。

本質は自らの深い欲求とつながっているので、使命とも言えるかもしれません。でも、大切なのは、それを使っていくことです。使う命と書く、使命。本質も使命も知っているだけでは、使ったことにはなりません。

使命を見つける合言葉は「知ってるよ！」ではなく「使ってるよ！」です。

本質や元素を知っただけでは人生は変わりませんよね！

知ったことと使えたことはまるで違います。使えるレベルになる頃には、自らが気づき、腑に落ちた何かがあるはず。そして、使っていくプロセスの中で、「これば使命だ！」と、確信が持てるのではないでしょうか？

わたし自身、本質と世界平和が繋がっていることに気づき、腑に落ちたことで誕生したのが天性診断です。自分の本質がわかったことがきっかけで使命がわかりました。そして、自分が作られた元素の材料を使っていくことで、自分らしい人生を創造できる人が増えるように、また、自分と他者との間に分離が起きないように活用してもらえるよう願いを込めて創りました。

ぜひ、5つの魔法のシート使って、本質を知り内側の自分と出会い、あなたの今の状態に気づいてくださいね！

おわりに

自分のことって、本当にわかりにくいものですよね。何が向いているかわからず、外側の世界に探しにいく気持ち。以前のわたしも同じだったので共感しちゃいます。でも、内側の世界が外側を創ることや思ったことが先で後から現実がやってくること。月の引力がどのように影響しているのか、など……。

これらエネルギーの原理・原則を知っていれば、資格やコンテンツなど外側のものを探し求める必要がなくなってきます。

すべては内側の世界が創り出したものであり、それはあなた自身の在り方とも言えます。在り方はとても大切ですが、そもそも在り方って何なのでしょうね。在り方は生き方そのものであり、生きざまのようなものだと思います。

いつも自分の状態に気づいていてバランスを崩したら軌道修正ができる。このような在り方でいれたら最強です！　バランスの取れた美しい在り方で人間関係が築ける人たちがこの地球に増えたらどんなに素晴らしいことでしょうか。

そして最後まで本書を読んでくれたあなたへ。

あなたの意識は本当にパワフルです。

どんな人生でも創り出すことができる、そんな力を持っているのです。

どうぞ、その力を使って、思う存分に美しい人生を創造してください。

最後に本書を出版してくださった森忠順社長、ご縁を繋いで下さった細谷知司さん、石塚洋輔さん。ありがとうございます。

また、ＥＣＡＭの海外留学中に支えてくれている、The Flower の運営スタッフチームのみなさん。いつも多大なる応援をありがとうございます。

ＥＣＡＭの創始者でもある、シュリ・クリシュナジ、シュリ・プリタジ。

あなたがたのお陰で、わたしの恐れは解放され意識変容が起きました。

愛する家族と一般社団法人日本フラワー風水協会と花曼荼羅 ®satori 倶楽部のみなさん。みなさんにも感謝します。

１人ひとりが創る美しい人生が世界平和につながっていきますように。

ありがとうございました。

岡安　美智子

著者略歴

岡安　美智子（おかやす　みちこ）

幸運研究家
（社）日本四大元素協会理事長 /（社）日本フラワー風水協会理事長
主婦からフラワーアレンジメントで起業しオリジナルの『フラワー風水』を創設する。LA のオーロラファンデーションに日本人初のグランプリ受賞。『フラワー風水』に続き『花曼荼羅 ®』の資格制度を創設し、これまで 15000 人ほどの女性たちをサポートする。天性診断を広く伝えるため（社）日本四大元素協会を設立。四大元素コーチ育成と全国での講座を展開している。
2022 年より世界的なリーダーが集まる最高峰のクラスに通い、哲学者であり世界で最も影響力があると言われる精神的指導者である。インドの覚者から直接指導を受け、シュリシッディーを伝授される（＊シュリは栄光、吉兆、至福、聖なるものを意味し、シッディーは成就を意味することから、聖なる働きに願望成就の力という意味）。恋愛、結婚、子育て、起業、離婚など、様々な経験を通じ、20 年以上にわたり、講座、講演、個人カウンセリングなどで女性が真に輝く生き方を提唱中。著書に『宝石風水ですべてうまくいく！』(clover 出版)『宝石ヒーリングカード』(美・ジュエルアカデミー)『天使が導く新月の花曼荼羅』（三恵社）『ピカピカチャクラの玉磨き』（ヒカルランド）『フラワー風水と花曼荼羅 ® の持つ力』（三恵社）などがある。
アメブロ：http://ameblo.jp/fusui-michiyo
インスタ：https://www.instagram.com/michiko__okayasu/
LINE 登録で【豊かさを引き寄せる瞑想】の音源をプレゼント！

QR コード

イラストレーター：江戸家 猫ハッピー
動物ものまね芸人「3 代目 江戸家猫八」の末娘。
1993 年から 15 年間、俳優 緒形拳に師事。共著である「地球徒歩 トボ」（学研）では写真を担当。 オリジナルキャラクターである猫の「満吉くん」を通して、地球を楽しむための写真・漫画・グッズなどを発信。 伊豆高原にて猫のいるギャラリー「猫満福庵」をオープン。
猫満福庵：http:/nekomanpukuan.com　　猫ハッピー：https://nekohappy.com/
HP：https://kotono-ha.com　　お問合せ：info@kotono-ha.com

四大元素　４つのエレメントが定める運命

2023年 8 月17日　初版発行

著　者　岡安　美智子　

発行人　森　　忠順

発行所　株式会社 セルバ出版
〒 113-0034
東京都文京区湯島 1 丁目 12 番 6 号 高関ビル 5 B
☎ 03（5812）1178　　FAX 03（5812）1188
https://seluba.co.jp/

発　売　株式会社 三省堂書店／創英社
〒 101-0051
東京都千代田区神田神保町 1 丁目 1 番地
☎ 03（3291）2295　　FAX 03（3292）7687

印刷・製本　株式会社 丸井工文社

Printed in JAPAN
ISBN978-4-86367-832-3